KINZAI バリュー叢書

プロアクティブ人材

アカデミアとビジネスが共創した
VUCA時代を勝ち抜くための人材戦略

下野　雄介・宮下　太陽 ［監修］
株式会社日本総合研究所 リサーチ・コンサルティング部門 ［著］

一般社団法人 金融財政事情研究会

はじめに

　これからの時代、もっとも重要な経営課題となるのは、おそらく「人材」に関する諸課題である。2050年には日本の総人口は2020年よりも約2,150万人程度減少することが見込まれており、これは2020年時点の総人口の17％に相当する人数である。15〜64歳を対象とした生産年齢人口の場合ではその減少はさらに鮮明であり、2050年には2020年時点の26％程度の人口が"消失する"と推計されている[1]。

　こうした人口減少局面においては多様な働き手の労働参加、そして労働生産性向上の両面からアプローチが必要であるといわれており、実際、官民連携の中でこうしたアプローチを支えるための労働環境の整備が進んでいることはご存知のとおりだろう。近年の労働力人口（15歳以上人口のうち、就業者と完全失業者を合わせた人口）は増加基調にあり、この増加は女性や高齢者の労働参加の結果であるといわれている[2]。企業におけるDXの取組も年々進んでおり、生産性向上に向けた技術の導入は加速度的に進んでいる。今後もこうした新しい技術の開発、

1　国立社会保障・人口問題研究所「日本の将来推計人口（令和5年推計）結果の概要」https://www.ipss.go.jp/pp-zenkoku/j/zenkoku2023/pp2023_gaiyou.pdf（2023年4月26日）表1−1（参照日：2024年8月18日）

2　総務省統計局「労働力調査」（2023年）https://www.e-stat.go.jp/stat-search/file-download?statInfId=000040169022&fileKind=2（参照日：2024年8月18日）

そしてその利用が活発化していくことは間違いない中で、働き手はこれまでに類を見ない高い適応力が求められることになるだろう。

他方、人口減少局面においても持続可能な社会を実現する上で経済成長は欠かせない。VUCA（Volatility（変動性）、Uncertainty（不確実性）、Complexity（複雑性）、Ambiguity（曖昧性）の頭文字をとった言葉：めまぐるしく環境が変わり予測困難な状況を指す）の時代といわれるようになって久しいが、このような環境下において経済成長を実現するためには、多様な人材の価値を最大限引き出すことが非常に重要であるといわれている。いわゆる"人的資本経営"の概念である。人的資本経営が描く企業の成長は、VUCAの環境において、働き手が個人そして組織を巻き込みつつ、リスクやチャンスを見極め新たな価値を創造する、という世界観であるとも理解できる。この世界観の中において企業は、働き手一人ひとりの自律性・変革性・挑戦性を引き出し、成果に結びつける支えとなることが求められているといえる。

こうした背景をふまえ、近年注目を集めている考え方が「プロアクティブ人材」である。プロアクティブ人材とは、"自らのキャリアと組織からの期待をすり合わせるべく組織と対話し、納得した上で前向きに役割を果たそうとする人材"と定義できる。

本書では第1章で、こうしたプロアクティブ人材が求められる背景について、主に企業の人材戦略の視点で整理している。

具体的には、企業の持続的成長に向けて「企業と働き手の対話」という根源的な問題に向き合うべき時期が来ている点、そしてプロアクティブ人材というコンセプトがその一助となり得るという点について、解説している。

第2章では、プロアクティブ人材の概要について解説する。筆者らは、アカデミアにより積み上げられてきたプロアクティブ行動（Proactive Behavior）の知見を基盤としつつ、特に日本のビジネス環境において利用可能なものとするためアカデミアの協力を得て、プロアクティブ行動の定義を明確化し、その測定尺度を開発してきた。このような筆者らの研究の流れを振り返りつつ、プロアクティブ行動の定義や特徴について述べる。その上でプロアクティブ行動の定義・尺度を用い、"プロアクティブ行動をとる（とれる）人材、すなわちプロアクティブ人材とは果たしてどのような人材なのか"という点について解説する。具体的には、企業に勤務する2万400人を対象とした大規模なアンケート調査に基づき、プロアクティブ人材をさまざまな角度から分析した結果を紹介し、プロアクティブ人材に対するイメージを深めていく。

第3章では、プロアクティブ人材をどう活性化するか、その方法論についてふれていきたい。第2章でふれる部分もあるが、プロアクティブ人材は、先天的なパーソナリティや上司・部下との2者関係といった情緒的なものより、自己効力感や職場環境といったマネジメントの働きかけ次第で変えられるものの影響が強いという分析結果が出ている。また、年代を経るご

はじめに　iii

とにプロアクティブ度合いが下がっていく傾向も見られ、多く
の企業での人材活用の課題解決の一助となる可能性も示されて
おり、マネジメントの必要性・有効性は非常に高いテーマであ
ると考えている。

　最後に第4章では、プロアクティブ行動の活性化に向けたマ
ネジメントの実践のポイントおよび具体例について紹介し、取
組の解像度を上げる形で締めくくりたい。

　本書は主に企業の経営者、人事部門責任者の視点で記述して
いる。一見、働き手には関係のない書籍であるように捉えられ
るかもしれない。しかしながら、プロアクティブ人材のコンセ
プトは、複雑化する職場で新たな価値を創造するための行動原
理ともなり、"そのために働き手はどのようなことに取り組む
べきか"のヒントを提供し得る書籍でもあると信じている。自
らのキャリアに悩む新入社員やキャリアの転換点にあるミドル
やシニア、部下に任せられないと悩む一般の管理職など、さま
ざまな働き手にとっても多くの示唆を得ていただけるよう構成
したつもりである。本書が経営者、人事部門責任者、管理職と
いった人材管理に関わる側、働き手側の双方にとって、問題解
決の一助となることを期待したい。読者の皆様には最後までお
付き合いいただければ幸いである。

　2025年3月

株式会社日本総合研究所

下野　雄介

［監修者略歴］

下野　雄介（しもの・ゆうすけ）

株式会社日本総合研究所 リサーチ・コンサルティング部門 マネジメント&インディビジュアルデザイングループ 部長。

専門は組織開発、組織行動論。日本総合研究所入社以来、組織・人材開発を中心としつつ、経営管理、BPR、多様な資本に係る制度の構築・運用といった幅広いテーマに従事。その後、縮小社会における人的資本の価値向上をクリティカルイシューと捉え、人的資本経営に関するコンサルティングサービスの開発・提供およびその概念・手法等の情報発信に尽力。現在、人的資本経営をより持続可能なものとするべく、「プロアクティブ行動の促進」に関する研究・ソリューション開発の責任者も兼任。

オンライン公開講座「2023年人的資本経営の総括と、2024年に向けた展望」（日本CHO協会 2023年度）をはじめとして人的資本経営・プロアクティブ行動に関する講演実績は多数。

宮下　太陽（みやした・たいよう）

株式会社日本総合研究所 未来社会価値研究所兼リサーチ・コンサルティング部門 マネジメント&インディビジュアルデザイングループ シニアマネジャー／博士（心理学）。

京都橘大学客員研究員。専門は文化心理学、社会心理学、キャリアディベロップメント。組織・人事領域において、コンサルタントとしての知見のみならずアカデミアとしての知見も駆使し、顧客の本質的な課題を捉えた科学的な組織変革を支援している。

著書に『図解でわかる経営企画部員の基礎知識』（分担執筆、日本能率協会マネジメントセンター、2024年）、『文化心理学への招待』（監訳、誠信書房、2024年）、『記号創発システム論』（分担執筆、新曜社、2024年）、『カタログTEA』（共編、新曜社、2023年）、『CSRに効く！企業&NPO協働のコツ』（分担執筆、風媒社、2007年）がある。

［著者略歴］

國澤　勇人 （くにさわ・はやと）

株式会社日本総合研究所 リサーチ・コンサルティング部門 人事組織・ダイバーシティ戦略グループ シニアマネジャー。
専門は人的資本経営、コーポレートガバナンス（役員指名報酬戦略）、デジタルガバナンス。当該領域における講演・寄稿等多数。著書に『図解でわかる人事部員の基礎知識』（分担執筆、日本能率協会マネジメントセンター、2024年）がある。

方山　大地 （かたやま・だいち）

株式会社日本総合研究所 リサーチ・コンサルティング部門 マネジメント＆インディビジュアルデザイングループ シニアマネジャー。
専門は、人材マネジメント、ピープルアナリティクス。入社後、一貫して組織・人材領域のコンサルティングに従事。近年は、マネジャーによるHRデータの利活用促進に向けて、マネジャーのデータ認知に関する研究を行っている。

石山　大志 （いしやま・たいし）

株式会社日本総合研究所 リサーチ・コンサルティング部門 マネジメント＆インディビジュアルデザイングループ マネジャー／修士（工学）。
メーカー、日系コンサルティングファームを経て現職。人事制度改定や人的資本経営、企業のDEI推進、人事システム導入など、幅広く人事領域のコンサルティングに従事。近年は仕事と介護の両立支援の在り方に関する調査研究も行う。

半田　翔也（はんだ・しょうや）

株式会社日本総合研究所 リサーチ・コンサルティング部門 マネジメント＆インディビジュアルデザイングループ コンサルタント。

専門は、人事制度構築、組織文化の測定・改善。入社以来、人事制度改革や組織風土改革、データを活用した人材マネジメントの高度化等をテーマとするコンサルティングに従事。現在、若手人材の組織定着を促すための調査・研究にも取り組む。

芦田　章吾（あしだ・しょうご）

株式会社日本総合研究所 リサーチ・コンサルティング部門 マネジメント＆インディビジュアルデザイングループ アソシエイト・コンサルタント。

神戸大学経済学部卒業後、同社に入社。入社後は組織・人事領域のコンサルタントとして人事制度設計、人類学を活用した組織課題洞察に従事。顧客支援と並行して人類学を活用したコンサルティング手法を広めるための活動にも取り組む。

佐賀　輝（さが・ひかる）

株式会社日本総合研究所 リサーチ・コンサルティング部門 マネジメント＆インディビジュアルデザイングループ アソシエイト・コンサルタント。

専門は、人事制度構築、人材開発。入社以来、組織・人材領域のコンサルティングに従事。現在、「プロアクティブ行動の促進」に関する研究・実証に取り組んでいる。

本書におけるキーワードの解説

※各キーワードは初出の章に拠る。

はじめに

労働生産性：投入した労働量に対する産出量・産出額の割合のこと。投入した労働力によってモノやサービスがどの程度効率的に産出されているのかを測るための指標である。

労働力人口：社会において労働できる人口のことを指す。15歳以上のうち、就業者・完全失業者の合計と定義される。働く意思や能力がある者と捉えられるため、社会の支え手になり得る人口として定義される。

DX：デジタル・トランスフォーメーション。デジタル技術を導入して、ビジネスモデルや業務プロセスを改革する取組のこと。

デジタル経済圏：デジタル技術による経済活動によって形成される経済圏のこと。具体的な例として、特定の企業のサービスを利用することで得られるポイントを、関連企業のサービス利用時に貨幣代わりに活用できる「ポイント経済圏」が挙げられる。

人的資本経営：人材を「資本」として捉え、その価値を最大限に引き出すことで中長期的な企業価値を高める経営管理手法のこと。

第1章　行き詰まる令和時代の人材戦略

常用労働者数：1カ月以上の期間、または期間を定めずに雇われている労働者のことを指す。1日の労働時間は問わず、パートタイム労働者も含む。

労働集約型産業：人材の依存度が高い産業のことを指す。接客応対を中心とするサービス業が例として挙げられる。売上げを増やそうとするとそれに応じて人手が必要となるため、人件費の割合が高い傾向がある。

フリーランス：企業に所属せず、自身で業務を受注して収入を得る

働き方やその働き方を行う人のことを指す。

アルムナイ：定年退職以外で企業を退職した元社員を採用すること
を「アルムナイ採用」と呼ぶ。また、企業を退職した元社員によ
って構成されたコミュニティを「アルムナイネットワーク」と呼
ぶ。「卒業生」「同窓生」を示す英単語「alumni」が語源である。

フレックスタイム制度：一日単位の労働時間ではなく、一定期間の
総労働時間が定められており、その範囲内で従業員が日々の始
業・終業時刻を自由に決定できる制度のこと。必ず勤務を行う必
要がある「コアタイム」と、自由に出退勤ができる「フレキシブ
ルタイム」の2つの時間帯が定義されている。コアタイムの設定
がない場合は「スーパーフレックス制度」と呼ばれる。

第2章　プロアクティブ人材とは

ぶら下がり：仕事へのモチベーションや組織コミットメントが弱
く、指示された仕事のみをこなす状態になっていること。給与水
準が上がり、一定程度の報酬が支払われている中堅層の社員に多
く見られる。

先行要因：本書では、プロアクティブ行動を喚起する条件のことを
指す。プロアクティブ行動を起こす従業員のパーソナリティに起
因する条件と、従業員の属する職場環境や職務内容に起因する条
件の2種類が想定される。

媒介要因：本書では、先行要因からプロアクティブ行動を喚起する
過程に存在する条件のことを指す。先行要因はプロアクティブ行
動の必要条件であり、条件が揃わないとプロアクティブ行動が喚
起されない。一方で、媒介要因は条件の有無により、プロアクテ
ィブ行動の喚起具合の強弱が変化するものと理解されたい。

因果モデル：統計的に処理するモデルのこと。定義は明示されてい
る一方で、直接観測することができない関係性の因果関係を明ら
かにするために利用される。

フォーカスインタビュー：複数の属性グループに分けてインタビュ
ーを実施し、ある事柄に対する意識や評価の属性間における違
いを明らかにする調査方法のことを指す。

本書におけるキーワードの解説　ix

標準偏差：データ全体が平均値からどの程度ばらついているかを示す指標のこと。標準偏差の値が小さいほどデータのばらつきが小さく、大きくなるほどデータのばらつきが大きくなる。平均値から標準偏差を加減算した数値の範囲内にデータの約68％が含まれる。

有意水準：統計検定において帰無仮説を棄却する水準のことを指す。統計検定では、証明したい仮説（対立仮説）に相反する仮説である帰無仮説を設定し、帰無仮説を棄却することで対立仮説を証明する。例えば、2群が異なる母集団であることを証明したい際に、帰無仮説として、2群が同じ母集団であると仮定する。統計の検定では、同じ母集団である確率を算出することができるが、この確率が何％を下回ったときに帰無仮説を棄却するかの基準を有意水準という。一般的には1％か5％に設定することが多い。帰無仮説が棄却された際には、「2群間に有意差がある」といえるようになり、異なる母集団であることを指す。

第3章　プロアクティブ人材をどう育てるか

OKR（Objective and Key Results）：1970年代に米国のIntelが採用し、その後多くのグローバル企業で採用されている目標の設定・管理方法の1つである。組織で達成を目指す「目標（Objective）」と、その目標への進捗を測るための具体的な「指標（Key Results）」の2つの要素を設定し、高頻度で達成状況を評価することで効率的な目標達成が可能となる点が特徴的。

オンボーディング：新たに組織に加入した人材を、組織に順応させて定着化および戦力化を促進するための取組のこと。

人材ポートフォリオ：企業が事業戦略を達成するために必要となる人材群の状況を、職種別・階層別など一定の区分に基づき可視化したもの。会社が中長期的に、どのような人材をどの程度必要としているかを検討する際の土台となるものである。

第4章　プロアクティブ人材育成の実践

テキストマイニング：自然言語処理を活用し、大量のテキストデータを分割することによって、特定の語句の出現頻度や語句間の関連性を分析する手法のことを指す。

360°評価：従来の人事評価は被評価者の上長が実施していた。一方で、上長だけでなく、被評価者の同僚・部下も評価者となる評価制度のことを「360°評価」と呼ぶ。「多面評価」とも呼ばれ、評価者の強み・弱みを明確化することで、人材育成につなげることや納得感のある評価の実現が期待される。

おわりに

OODAループ：素早く変化するビジネスシーンにおいて、成果を得るために用いられるフレームワークのことで、PDCAサイクルと比べて即応性が高いといわれている。「観察（Observe）」「状況判断（Orient）」「意思決定（Decide）」「実行（Act）」を繰り返していくことを指す。

Situational leadership理論：1977年に行動学者のポール・ハーシーと組織心理学者のケン・ブランチャードによって提唱された理論。部下のモチベーションと能力に応じて、「指示・教示型」「コーチ型」「援助型」「委任型」の4種類のリーダーシップスタイルを使い分けていくことを指す。

本書におけるキーワードの解説　xi

目　　次

第 1 章

行き詰まる令和時代の人材戦略

(1) 不足する働き手 ……………………………………… 2

(2) 多様化する労働者と働き方 ……………………………… 5

(3) 質の変化も求められる働き手 …………………………… 11

(4) 働き手は労働市場の変化をどう捉えているのか ………… 15

(5) 必要な共創型人材戦略 …………………………………… 18

第 2 章

プロアクティブ人材とは

1 プロアクティブ行動研究への取組背景 ………………… 25

2 プロアクティブ行動、その研究の変遷 ………………… 31

(1) プロアクティブ行動に関する研究の抽出・選定手法 …… 31

(2) プロアクティブ行動に関する研究の変遷 ……………… 35

3 プロアクティブ行動の定義と測定方法 ………………… 52

(1) プロアクティブ行動の定義に向けた取組 ……………… 53

(2) プロアクティブ行動を測定する手法について ………… 69

(3) チームプロアクティブという概念の定義 ……………… 73

(4) チームプロアクティブの測定方法 ……………………… 76

4 日本におけるプロアクティブ人材の実態 ……………… 81

(1) 日本におけるプロアクティブスコアの俯瞰 …………… 81

xii

(2) 年齢・役職・職種ごとのプロアクティブスコアの傾向 ······ 85

(3) 従業員規模別・チームの人数別のプロアクティブスコ
アの傾向 ·· 94

(4) プロアクティブスコアと転職回数の関係性 ··············· 98

(5) 日本におけるプロアクティブ人材を巡る課題 ············ 100

第 3 章

プロアクティブ人材をどう育てるか

1 プロアクティブ行動の活性化に向けた人材マネジメ
ントの仕組み ·· 104

(1) 人材マネジメントとは ···································· 105

(2) 進化する人材マネジメント ······························ 108

(3) プロアクティブ行動の活性化に向けた人材マネジメン
トのイメージ ·· 115

2 プロアクティブ行動に関する因果モデル
──プロアクティブ人材を育成し組織パフォーマンス向
上につなげるポイント ·································· 120

(1) プロアクティブ行動の先行要因およびパフォーマンス
展望との関係を明らかにするための分析手法および分
析結果の概要 ·· 120

(2) プロアクティブ行動に影響を与える先行要因 ··········· 127

(3) プロアクティブ行動とパフォーマンス展望の関係 ······· 131

(4) 組織変革に向けた実践モデル ···························· 134

目　次　xiii

3 管理職のプロアクティブマネジメント力強化に向け
たポイント ・・・ 141

(1) 管理職の認知・マネジメント傾向調査の概要 ・・・・・・・・・・・ 142

(2) 管理職のプロアクティブ行動に関するマインドセット
の実態 ・・ 145

(3) 管理職のマインドセットに応じたマネジメント行動 ・・・・・ 151

(4) プロアクティブ行動に対するマネジメント
――調査からの学び ・・・・・・・・・・・・・・・・・・・・・・・・・・・・・・・・ 164

第 4 章

プロアクティブ人材育成の実践

(1) 企業における実践のポイントと取組のステップ ・・・・・・・・・・ 170

(2) ステップ1:プロアクティブ行動の活性化ターゲット
の設定と人的資本価値創造モデルの基本設計 ・・・・・・・・・・・・・・ 177

(3) ステップ2:プロアクティブ行動の活性化に向けた自
社適合的な因子の洞察 ・・・・・・・・・・・・・・・・・・・・・・・・・・・・・・・ 180

(4) ステップ3-1:プロアクティブ行動の活性化に向け
た施策の具体化
――経営・人事部門としての実施施策 ・・・・・・・・・・・・・・・・・・・ 182

(5) ステップ3-2:プロアクティブ行動の活性化に向け
た施策の具体化
――管理職のマネジメント行動革新に向けた取組 ・・・・・・・・・・ 185

おわりに ・・・ 191

行き詰まる令和時代の人材戦略

第1章では、働き手と企業を取り巻く現在の環境変化をふまえ、今後の人材戦略のあり方について述べる。

まず我が国における働き手不足という、もはや聞きなれた言葉がいよいよ深刻な社会問題となりつつあることを述べた上で、この解決に向けて働き手の多様化・働き方の多様化が一層求められていること、加えて働き手には生産性向上に向けた大幅な知識・スキルの転換が求められていることについてもふれる。一方、働き手側の視点に立てば、こうした状況に戸惑いを感じている点についても言及する。

さて、近年働き手不足が鮮明となる中、企業が人材の採用や育成・活性化に関わる仕組みやプロセスについて投資を加速させていることは周知のことだろう。しかし、上述したとおり、そもそも働き手が「自らどう仕事に取り組むべきか」に悩んでいる今日において、企業側からトップダウンで展開された人材戦略は浸透しづらく、実践されにくいものとなっている。こうした状況をふまえ、今後は「働き手と企業が人材戦略を共創する」という視点が人材戦略を検討する上で必要になりつつある点について解説する。そして本書のテーマであるプロアクティブ人材が、このような令和時代の人材管理の難しさを解決する1つの切り口になり得る点について述べる。

(1) 不足する働き手

日本では少子高齢化により、今後の労働力不足が深刻な問題となっている。内閣府が発表したデータによると、生産年齢人

口[1]は2023年の時点で7,395万人であり、1995年をピークに減少の一途をたどっている。他方、生産年齢人口の総人口に占める割合は、2023年に59.5％となっており、1995年が69.4％という水準であったことをふまえればこちらも大きく減少していることが分かる[2]。

全国的な人手不足感は、欠員率の推移からも確認できる（図表1－1）。欠員率とは「常用労働者数に対する未充足求人数の割合」を示す指標である[3]。なお未充足求人とは「仕事があるにもかかわらず、その仕事に従事する人がいない状態を補充するために行っている求人」と定義される。現場の疲弊は、近年過去に類を見ない深刻な状況であることは実感としてご理解いただけるだろう。その中で未充足求人が存在するという状況は由々しき事態、と捉えてよいだろう。

さて、厚生労働省の調査によれば、2024年6月末日の欠員率は2.8％となっており、2009年では0.6％であったのに比して上昇している。また経年の推移を見れば、コロナ禍の2020年、2021年の急低下を除いて年々漸増傾向にあることが分かる[4]。日本においては慢性的に、またじわじわと首を絞められる形で

1 　15歳から64歳までの人口を指す。一般に経済活動の中心となりまた社会保障を支える存在でもあるため中核的な働き手として捉えられることが多い。
2 　内閣府「令和6年度版　高齢社会白書」第1章　高齢化の現状　https://www8.cao.go.jp/kourei/whitepaper/w-2024/zenbun/pdf/1s1s_01.pdf（参照日2025年2月2日）
3 　厚生労働省「主な用語の定義」https://www.mhlw.go.jp/toukei/itiran/roudou/koyou/doukou/19-1/dl/yougo.pdf（参照日2024年11月29日）

図表1-1　欠員率の推移

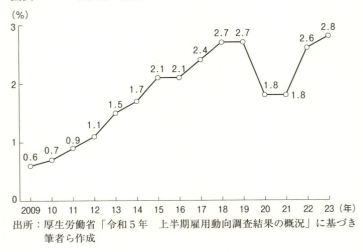

出所：厚生労働省「令和5年　上半期雇用動向調査結果の概況」に基づき筆者ら作成

人手不足は進行しているのである。

　こうした労働力不足は、さまざまな方面に影響をもたらし、経済成長に与える影響も甚大である。労働力が不足すれば、生産能力が制約され、経済活動が停滞する。特に製造業やサービス業などの労働集約型産業では、適切な労働力の確保が難しくなり、生産ラインの停止やサービス提供の遅延が生じることが懸念される。また、労働力不足により賃金が上昇し、企業のコスト負担が増大することで、企業利益が圧迫される懸念もあ

4　厚生労働省「令和5年　上半期雇用動向調査結果の概況」https://www.mhlw.go.jp/toukei/itiran/roudou/koyou/doukou/24-1/dl/gaikyou.pdf（参照日2024年11月29日）

る。これらは特に中小企業において、企業の存亡に影響を及ぼしかねない重大な問題である。また、労働力の不足と経済成長の鈍化は公共サービスにも悪影響を与える。前掲の道路や上下水道、通信といったインフラの維持や社会保障など、すでにその持続性の懸念について、さまざまな議論がなされていることはご存知のことだろう。

(2)　多様化する労働者と働き方

　労働力不足という社会的な問題に対応するため、今、多様な労働者の社会進出と働き方の多様化が進んでいる。まず、労働者の多様化について、具体的に解説したい。

　第1に、女性は働き続けることが当たり前の社会となっているという点である（図表1－2）。2023年の25〜64歳の女性の労働力率（当該年齢階級の人口に占める労働力人口の割合）は、1968年以降で、過去最高の水準となっている[5]。生産年齢の女性が男性と同様に働く状況が当たり前になってきていることが分かる。また、年齢階級別労働力率の推移にも変化が生じている。従来女性の年齢階級別労働力率は、20代前半から40代後半にかけて低下するM字型を描くのが一般的であった。これは1968年のグラフを見ればその傾向が一目瞭然であろう。しかしながら近年では、20代前半から40代後半の年齢においても労働

---

[5]　厚生労働省「令和5年版　働く女性の実情」https://www.mhlw.go.jp/bunya/koyoukintou/josei-jitsujo/dl/23-01.pdf（参照日2024年11月29日）

第1章　行き詰まる令和時代の人材戦略　5

図表1−2　女性の年齢階級別労働力率（年別比較）

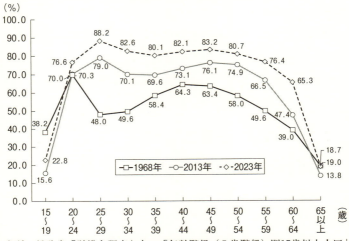

出所：総務省「労働力調査」内の「年齢階級（5歳階級）別15歳以上人口」に基づき筆者ら作成

力率が大きく低下することはなく、グラフが台形の形に近づいていっているのが分かる。つまり近年、結婚や出産、育児といったライフステージが変化しても働き続けることを選択する女性が一般的になってきている、ということである。

第2に、年齢を重ねても仕事を続ける労働者が増え続けているという点が挙げられる。内閣府「高齢者の経済生活に関する調査」（2019年度）[6]では、現在収入のある60歳以上の男女を対

6　内閣府「令和元年度　高齢者の経済生活に関する調査結果（全体版）」https://www8.cao.go.jp/kourei/ishiki/r01/zentai/index.html（参照日2024年12月8日）

6

象に「何歳ごろまで収入を伴う仕事をしたいですか」と確認している。その結果、20.6％が「働けるうちはいつまでも（働きたい）」と回答しており、「働けるうちはいつまでも」「80歳くらいまで」「75歳くらいまで」「70歳くらいまで」を足すとその意向者は59％にも上る結果となっている。

　実際に、足許でも働くシニア世代は増加している。労働力人口に占める65歳以上の割合は、1980年には4.9％だったが、2024年では13.6％にまで上昇している（図表1－3）。

　2021年4月1日に改正された高年齢者雇用安定法は、企業に定年制の廃止、定年の引き上げ、継続雇用制度の導入のいずれ

図表1－3　労働力人口総数に占める65歳以上労働力人口の比率推移

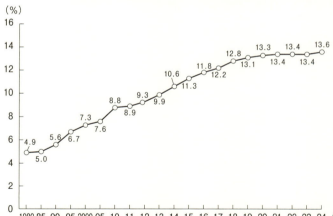

出所：総務省「「労働力調査」長期時系列表3(2)年齢階級（5歳階級）別労働力人口及び労働力人口比率―全国（2025年1月31日公開（更新））」に基づき筆者ら作成（参照日2025年2月2日）

第1章　行き詰まる令和時代の人材戦略　7

かの措置を講ずることを義務付けた。また、高年齢者が希望する場合は、70歳まで継続的に業務委託契約を締結する制度、継続的に社会貢献事業に従事できる制度を導入するなど、雇用によらない措置を講ずるように努めることも義務付けている。このようなシニア世代の労働支援策が、シニアの労働を後押ししたと考えられる。

　第3に、外国人労働者が増え続けているという点である。2008年は48.6万人であった外国人労働者が2023年には204.9万人に増加しており、ほぼ一貫して増加基調であることが窺える（図表1－4）。

　外国人労働者の全体的な数が増加する中で、その就業先は多

図表1－4　外国人労働者数の推移

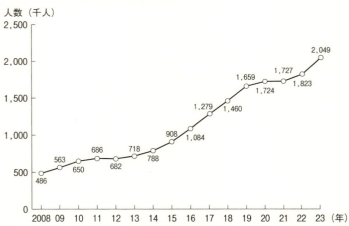

出所：厚生労働省「「外国人雇用状況」の届出状況まとめ【本文】（令和5年10月末時点）」に基づき筆者ら作成

図表1-5　産業別外国人労働者構成割合の2008年と2023年の比較

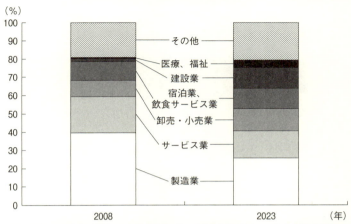

出所：厚生労働省「「外国人雇用状況」の届出状況まとめ【本文】（令和5年10月末時点）」に基づき筆者ら作成

様化している（図表1-5）。産業別外国人労働者構成割合の2008年と2023年の比較を参照すると、2008年は約40％が製造業に従事していたのに対し、2023年は製造業の割合が約25％まで低下し、他の業界に従事する労働者が増えていることが分かる。近年、建設や小売など様々な業種で外国人が活躍していることは実感をもって理解いただけるだろう。

さて、ここまでは労働者そのものが多様化している現状について述べてきたが、多様化しているのは労働者の属性だけではない。ここからは個々人の働き方の多様化についてもふれていきたい。

図表1-6は雇用形態別の雇用者数を年別に積み上げたもの

図表1－6　雇用形態別割合の推移

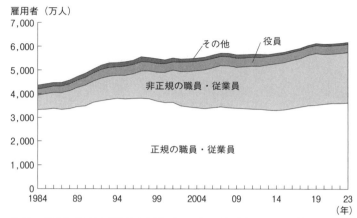

出所：総務省統計局「労働力調査（2024年10月分）」に基づき筆者ら作成

である。近年、正規の職員・従業員の人数が大きく変化していないのに対して、非正規の職員・従業員の人数は増加している。今後の正規雇用・非正規雇用のバランスがどのように推移していくか、確たる見通しを付けることは難しいものの、少なくとも2000年代を経て、正規雇用が当たり前ではない社会になっているといって差支えないだろう。

　雇用形態の多様化の背景として、パート・アルバイト従業員の増加、そして、フリーランスという働き方の広がりが挙げられる。業界によっては、フリーランスの数および就業者に占める割合は想像するより大きい。総務省統計局「令和4年　就業構造基本調査」によれば、2022年時点の建設業や不動産業・物品賃貸業、学術研究・専門技術サービス業は就業者のうち、実

に10%以上がフリーランスであったとされている[7]。事実、政府がフリーランスを保護する動きも出ている。2024年11月1日に施行された「フリーランス・事業者間取引適正化等法」（「特定受託事業者に係る取引の適正化等に関する法律」）がその例である。この法律は「フリーランスを含む多様な働き方を、それぞれのニーズに応じて柔軟に選択できる環境を整備することが重要」という背景から、取引の適正化や就業環境の整備を図るものである[8]。政府も今後、フリーランスという働き方が増えていくことを想定していると見ることができる。

(3)　質の変化も求められる働き手

さて前述したとおり、多様な人材の社会進出、そして多様な働き方の定着を促すことで労働力不足に向き合おうという流れがある一方、生産性の向上からアプローチするという考え方もある。

2018年と少し古い資料にはなるが、総務省・先駆的ICTに関する懇談会第2回「生産性向上1.5倍について」[9]では、そのタ

7　総務省統計局「令和4年　就業構造基本調査」https://www.stat.go.jp/data/shugyou/2022/pdf/kgaiyou.pdf（参照日2024年11月29日）
8　内閣官房新しい資本主義実現本部事務局「特定受託事業者に係る取引の適正化等に関する法律（フリーランス・事業者間取引適正化等法）【令和6年11月1日施行】説明資料」https://www.mhlw.go.jp/content/001270862.pdf（参照日2024年11月29日）
9　総務省・先駆的ICTに関する懇談会第2回「生産性向上1.5倍について」https://www.soumu.go.jp/main_content/000537501.pdf（参照日2024年12月4日）

イトルのとおり、今後20年以内に生産性を1.5倍に上げていく必要があることを指摘している。同資料によれば、20年後に生産性約1.5倍向上という水準を実現するためには平均年2％の生産性の伸び率が必要と試算されている一方で、2010～2016年度の労働生産性の上昇率は平均年0.8％となっている。ここから、年2％の生産性上昇率を実現し、維持するのはたやすいことではないことが分かる。

　生産性の向上に向けて、今、最も注目を集めているのが、デジタル技術の活用や機械化・自動化の推進だろう。デジタル化の進展が生産性向上をサポートする大きな追い風となることは間違いない。

　しかしながら、DXを社会に実装・普及させるための専門人材（いわゆるDX人材）の不足については改善するどころかむしろ深刻化する一方である（図表１－７）。デジタル技術の活用においては、ユーザーの活用意向が高まることやリテラシー向上も必要不可欠であるという点も、見逃してはならないだろう。生成AI（学習したデータに基づき新しいコンテンツやアイデアを生成する技術）を導入し始めている企業を近年多く見かけるが、従業員側からは、そもそも利用していないという声や、利用はしているが利用範囲が限定的であるといった声があがったりすることも決して珍しくない。生産性向上に向けては働き手がさまざまな新しいテクノロジーを使いこなし、その効果を享受するという好循環を作り出さなければならないのは自明である。デジタル化を生産性につなげるためには、あまねく働き手

図表1－7　DXを推進する人材の「量」の確保（経年変化および日米との比較）

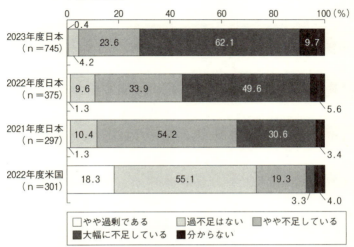

出所：独立行政法人情報処理推進機構「DX動向2024（データ集）」https://www.ipa.go.jp/digital/chousa/dx-trend/eid2eo0000002cs5-att/dx-trend-data-collection-2024.pdf（参照日2024年12月4日）

が新たなデジタル技術を使いこなすスキルや知識を習得することが必要不可欠なのである。

　現在急速に進んでいるデジタル技術の進展には、市場の不確実性を高める側面がある点にも留意が必要だろう。例えばデジタルプラットフォームの普及により、新しいビジネスモデルやサービスが急速に登場し、従来の市場構造を一変させることがある。これにより、企業はより頻繁かつ急激な市場変動に直面することになるかもしれない。実際、新技術の登場や既存技術の変化により、どのようなテクノロジーが主流になるかの予測

第1章　行き詰まる令和時代の人材戦略　13

がより難しくなっており、経営戦略を検討しづらくなっていると感じている企業は多いのではないか。

　デジタル化により情報過多が生じ、重要な情報とそうでない情報を区別することが難しくなるという状況も発生しつつあり、さらに、異なるデジタルプラットフォーム間での情報の整合性や信頼性にも曖昧さが生じることがある。例えば、SNSやインターネット上の情報は真偽の判別が困難な場合が多く、意思決定を曖昧にする要因となる。膨大かつ曖昧な情報はリスクに対する認知を甘くしかねず、結果として、本来対応すべきリスクを放置することにつながりかねない。これまでは想定されなかったような変化が、現実の世界において徐々に起きつつあるのである。

　デジタル技術の進化により市場のありようも変わる中、企業を支える人材も変化しなければならないといわれている。経済産業省の「未来人材ビジョン」[10]によれば、求められる人材の能力は、将来的に大きな変化が起こると予測されており、現在は「注意深さ・ミスがないこと」「責任感・まじめさ」が重視されるが、将来は「問題発見力」「的確な予測」「革新性」が一層求められるようになると指摘されている。不確実性、複雑性の増す社会において、働き手はこうした切り口からのスキルアップ・リスキリングが求められつつある。

　いずれにせよデジタル化は生産性を向上させ、人手不足を解

10　経済産業省「未来人材ビジョン」https://www.meti.go.jp/press/2022/05/20220531001/20220531001-1.pdf（参照日2024年11月29日）

消させるための非常に重要なキーツールであることは間違いないものの、このキーツールをうまく使いこなし生産性を高め市場に適合していくのもまた人であり、働き手は漏れなくその知識・スキルのアップデートが求められるのである。

(4) 働き手は労働市場の変化をどう捉えているのか

ここまで労働力不足という社会課題に向けて、多様な人材が労働参画している点、生産性向上・国際競争力強化に向けて、特にデジタル化推進という文脈における知識・スキル向上が必要とされている点について解説してきた。ここで、このような労働力に対する社会的な要請を働き手側はどう捉えているのかという観点についてもふれておきたい。

「ワークエンゲイジメント」という言葉が使われるようになって久しい。ワークエンゲイジメントは、「仕事に関連するポジティブで充実した心理状態として、活力、熱意、没頭の3つが揃った状態」などと定義される[11]。それでは、日本の労働者のワークエンゲイジメントはどのような状態なのか。Shimazu et al.（2010）[12]は、ワークエンゲイジメントを0～6の7段階

11　厚生労働省「労働経済の分析」https://www.mhlw.go.jp/wp/hakusyo/roudou/19/dl/19-2.pdf（参照日2024年11月29日）
12　Shimazu, A., Schaufeli, W. B., Miyanaka, M., & Iwata, N (2010) "Why Japanese workers show low work engagement: An item response theory analysis of the Utrecht Work Engagement scale" *BioPsychoSocial Medicine* 4(1):17

第1章　行き詰まる令和時代の人材戦略　15

で評価し、日本を含む16カ国の国際比較をしている。結果、日本のスコアは3点弱であるのに対して、他の15カ国のスコアは押しなべて3点台後半を上回っており、最上位のフランスでは4点台後半となっている。少し古いデータであるため、今は変わっているのではと思う読者もいるかもしれない。しかし、最近のさまざまな類似した調査をふまえても状況はあまり変わっていない。つまり、働き手は働くことそのものに対して決してポジティブな感情に満ち溢れた状態でないことが窺える。

　また日本の労働者は、ワークエンゲイジメントと同様に、リスキリングの熱意についても低いといわれている。厚生労働省「職場における学び・学び直し促進ガイドライン」では、「企業・労働者双方の持続的成長を図るためには、労使双方が、こうした学び・学び直しの意義や方向性についての共通認識に立って、一体となって主体的に「学び・学び直し」に取り組むこと＝「共同」が重要である」と述べられている[13]。しかし、日本の労働者のリスキリングへの取組は比較的消極的であるといわざるを得ない。パーソル総合研究所「グローバル就業実態・成長意識調査（2022年）」では、日本の労働者と諸外国の労働者との間で、社外学習・自己啓発を行っていない人の割合を比較している。日本の労働者で、社外学習・自己啓発について「特に行っていない」と回答した労働者の割合は52.6％と半数

13　厚生労働省「職場における学び・学び直し促進ガイドライン」https://www.mhlw.go.jp/content/11801000/001247552.pdf（参照日2024年11月29日）

超に上る結果となり、調査対象となった日本を含む東アジア、東南アジア、南アジア、オセアニア、北米、ヨーロッパ諸国の全体平均が18％であった点を考慮すれば、非常に高い結果となっていることが分かる[14]。同じ調査で勤務先以外での学習・自己啓発に対する「自己投資」についても確認しているが、「現在は自己投資しておらず、今後も投資する予定はない」という割合について調査対象の全体平均が11.6％であったのに対し、日本は42％と非常に高い結果となった。他国・地域と比較して、日本の労働者の自己投資意欲の低さが目立つ結果となっている。

　ここまで、働き手に積極的な社会進出とリスキリングが要請されている現状、その一方で日本人のワークエンゲイジメントやリスキリングの意向が国際的に低い状況であることについて確認してきた。日本人のワークエンゲイジメントやリスキリング意向が国際的に低い原因についてはさまざまな考察がなされているが、筆者らは日本人の労働観が過渡期にあることが大きな要因ではないかと考えている。日本の労働観の根底にあるのは、イエの理念と結びつけられた生業と職分であるといわれている（水町（2019））[15]。生業とは家族の生活手段を得るための仕事という側面を指し、職分とは社会から与えられた自らの分

14　パーソル総合研究所「グローバル就業実態・成長意識調査（2022年）」https://rc.persol-group.co.jp/thinktank/data/global-2022.html（参照日2024年12月8日）
15　水町勇一郎『労働法入門　新版』（岩波新書2019年）

第1章　行き詰まる令和時代の人材戦略　17

を果たすという仕事の側面を指す。端的にいえば、家族のために働き、社会から与えられた役割を果たすということが美徳であるとする労働観である。そして高度成長期にこのイエの概念の中に企業が入ってくる。終身雇用をはじめとするいわゆる日本型雇用はこのつながりをより強固なものとしたといえるだろう。一方読者もご存知のとおり、失われた30年の間に、働き手にとって企業はイエでなくなり、また企業もイエであることを否定した。今多くの日本人は「誰のために、何のために働くのか」「新しい企業と働き手の関係」を模索している段階にあるのではないだろうか。

(5) 必要な共創型人材戦略

このような労働市場の変化に合わせ、現在、企業においても、多種多様な労働者と接点を持ち採用を拡大させるとともに、さまざまな働き方に対応した職場環境を作りつつ、社員の育成に向けた仕組みを整備する取組が増えてきている。人材の確保・育成、そして活性化に向けたやり方を従来から大きく変えているということである。

例えば、従業員の採用については、アルムナイ採用[16]や、リファラル採用[17]のほか、一度内定辞退をした学生を第二新卒で

---

16 アルムナイ採用は、一度企業を退職した社員を再雇用する方法のこと。
17 リファラル採用は、自社の社員に知人や友人を紹介してもらい採用につなげる方法のこと。

18

積極的に採用する取組を実施している企業なども出てきている。日本企業は、従来のやり方にとらわれず、求職者の特徴に合わせてさまざまな手法で採用を実施するようになってきているといえる。

また、社員の個を生かし、生産性につなげるという点では、従業員の労働時間の裁量を増やすフレックスタイム制度や副業の許可、育休や産休の取得や復帰への奨励などが取組の例として挙げられる。従業員の働き方の選択肢を増やし、従業員が勤務を継続しやすい環境を整える企業が増えてきている。

そして社員の育成においては、タレントマネジメントシステムの導入が挙げられる。タレントマネジメントシステムとは、人事管理や評価のシステムに加えて、性格やキャリア志向といった従業員に関するあらゆるデータを集約させたシステムである。このシステムの活用によって、会社の戦略に沿わせた人材配置や人材育成を実現できるとされており、さまざまな企業で導入が進んでいる。

いずれにせよ、多くの企業が人材管理において投資を加速化させているのは間違いない。

一方、こうした仕組みやプロセスの芯となる人材戦略（その企業にはどのような人材の拡充強化が必要で、そのために仕組みやプロセスをどう構築・運用するかという方向性）についてはどうだろうか。筆者らの感じるところでは、人材戦略については経営・人事部門からの発信が現場に理解されていない、理解されていたとしても自分事としては受け止められていないケースが

第 1 章　行き詰まる令和時代の人材戦略　19

多いようである。これには多忙感に起因する現場の視野狭窄、そもそも人材の育成や確保についてなぜ現場が行わなければならないのか、といった職務分掌に対する現場の納得感の欠如、歴史的に積み重ねられてきた本社と現場の壁といったさまざまな問題が背景にあるように思う。

さらに、根本的な要因としては(4)でもふれたとおり、自分はなぜ働くのか、その企業で何をなしたいのか、という労働観そのものを言語化できない、もしくは分かってもらえないと感じるがゆえに、経営・人事部門の発信に対していいたいことはあるが何かを述べていくのは面倒であるという気持ちが先行し、結果として経営・人事部門との対話・共創が進まないことにあると見ている。つまり経営・人事部門からやるべしといわれたらやるが、基本的には受身対応であり自らの意思が伴う形ではなく、やらされ感が強いという状況を生み出しているということである。気持ちの伴わないタスクは一般的に成果に結びつきづらく、ともすればアリバイ作りを行うための無駄な作業を行うという事態にまで陥ることもある。

企業と働き手の新しい関係は進展しつつあり、まだ答えは見えない。しかしながら、少なくとも働き手が自律的に経営・人事部門と対話しなければ、問題解決につながらないことは理解いただけると思う。次章以降は、こうした課題に対する1つの切り口として、「プロアクティブ人材」という考え方を紹介し、本書全体を通じて、プロアクティブ人材の育成・強化と、プロアクティブ人材を起点とした組織変革の実現が、今後の日

本企業の持続的な発展のためには、必要不可欠なピースになりつつあることを解説する。

第 **2** 章

プロアクティブ人材とは

第1章ではこれからの人材戦略のあるべき姿とその難しさについて述べてきた。筆者らは、2017年頃からこうした問題の解決の糸口として「プロアクティブ行動」そして「プロアクティブ人材」に注目し研究に取り組んできた。第2章では、プロアクティブ行動、プロアクティブ人材の定義やその特徴について解説する。

　第1節ではプロアクティブ行動およびプロアクティブ人材研究の動機・背景についてふれる。第2節から第4節では、筆者らの研究の流れを振り返りつつプロアクティブ行動およびプロアクティブ人材の定義や特徴について解説していく。筆者らの研究はまずアカデミアにより積み上げられてきた知見のレビューからスタートしている。こうした先行研究をふまえつつ、日本のビジネス環境において利用可能な定義・尺度へと昇華すべく、アカデミアやさまざまな企業の協力を得てプロアクティブ行動の定義・特徴やその測定尺度を開発してきた。第2節から第3節は少々冗長に感じられる可能性もあるが、本研究のコアとなる部分でもあり、迫力をもって詳細にお伝えしたいという思いでとりまとめた。第4節では、第3節で紹介したプロアクティブ行動の定義・尺度を用い、"プロアクティブ行動をとる（とれる）人材、すなわちプロアクティブ人材とは果たしてどのような人材なのか"という点について解説する。具体的には企業に勤務する2万400人を対象とした大規模なアンケート調査に基づきプロアクティブ人材をさまざまな角度から分析した結果について解説していく。これにより、読者の方々にプロ

アクティブ人材のイメージをさらに深めていただきたいと考えている。

1 プロアクティブ行動研究への取組背景

　そもそも筆者らがプロアクティブ行動・プロアクティブ人材に注目し始めたのは2017年まで遡る。当時実施していたさまざまなコンサルティングプロジェクトを通じて経営層や働き手と会話する中で、経営層が「自律的に考え、そして行動する人材を増やしたい」「受身の人材ばかりでは変化の激しい時代に対応できない」と考える一方、働き手には「自分は自律的に考え動いていると思う」「受身というが積極的な提案をすれば越権といわれてしまう。そこまではいかないにしても否定的に受け止められることはままある。そんな風土の中で自律・挑戦・変革を掲げられても能動的に何かしようという気も起きない」「自律的に活動すればするほど疲労するばかり。割り切ってぶら下がっている人のほうが幸せに映ることもある。そうするほうがこの組織では正解ではないかと思うこともある」といった本音もあることを筆者らは実感していた。このような形で、"人材の自律に関して解決の糸口が見えない"という現象が見られる企業は今日でも決して珍しくないのではないだろうか（図表2－1）。

図表 2 − 1 "人材の自律"というテーマにおいてよく見られる状況

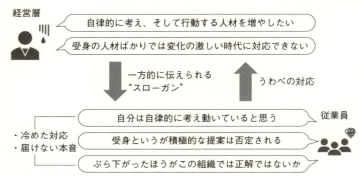

出所：株式会社日本総合研究所

　人材の自律というテーマそのものの重要性が着目されたのは、決して近年ではなく、筆者らの記憶では少なくとも2000年代初頭からそうした問題認識は聞かれていた。実際、経団連では2006年から自律型人材の必要性、そして自律型人材育成に向けた企業支援の必要性について述べている[1]。しかしながら今もなおこの問題が解決していないということは、経営層の「自律的に考え行動してほしい」という思いと、従業員の「本音」がすれ違うという現象に対して労使が協調して解決に取り組もうという動きは活発化してこなかったということであろう。

　その背景に関しては次のとおり考察している。

　企業側の目線に立てば、1つは方法論の問題である。自律的

---

[1] 社団法人日本経済団体連合会「主体的なキャリア形成の必要性と支援のあり方」(2006年6月20日) https://www.keidanren.or.jp/japanese/policy/2006/044/honbun.html（参照日：2024年8月18日）

な人材を育てる、と一口にいっても、（近年ずいぶんと研究が進んできたとはいえ）納得感のある具体的な打ち手が分からない、という状況である。打ち手まで落とし込めないので、自律型人材の必要性をスローガンとして掲げ社内で浸透を図るという、古くからとられてきた方法論に落ち着くケースも珍しくない。

　2つ目に、自律性を高めると、優秀な人材の流出につながると懸念し、企業側は踏み込みきれなかったという側面もあるのかもしれない。働き手が自己の価値を正確に理解し、自己が活躍できる職場条件を考えることで、必ずしも内部に留まらないという行動につながるという懸念である。そのためスローガン的に発信するに留めているという捉え方もできる。

　一方で、働き手の側に立てば、そもそも他律的に、安定的に働きたいという意向が一定程度存在することも否定できないだろう。キャリアの中での一定期間の働き方の選択というレベルから、生き方としての選択などさまざまなグラデーションはあるものの、働き手にとって自律というキーワードが受け入れがたいケースもあるということである。加えて経営のメッセージに向き合うことに前向きになれないという可能性もある。「抑圧された経験がある」「出る杭が打たれるさまを目の当たりにした」「自律的に動くコストパフォーマンスが悪い」など背景はさまざま考えられるが、要は「組織のために前向きに活動することを疑問視している」ということであり、その結果、表面的に取り繕うような行動に終始する、というケースである。このように経営層、働き手の双方において自律というテーマは、

第2章　プロアクティブ人材とは　27

ある一定以上は踏み込まないように不可侵な形で取り扱われてきた結果、2000年代前半からあまり進展が見られないテーマとなってきたのではないかと考えている。

　しかし、今、特に企業の目線でこの問題は放置できるものではなくなっている。今後、企業の事業ポートフォリオはめまぐるしく変わる時代となり、その都度必要な人材要件は変わっていく。1人の人材が蓄積できる経験や知識・スキルを考慮すれば、人材の入れ替えは発生せざるを得ない。少なくともあまねく従業員の、人生100年時代における雇用保証をできる企業は存在しないのではないだろうか。一方、日本の労働法制および実態的な運用をふまえると、従業員を雇用調整するハードルは非常に高い。

　このような環境の中で、企業は従業員のキャリア自律を醸成しつつ、いわゆるぶら下がりを極力防ぎ、必要な人材にとって他社と比較しても明確な魅力がある"必要な人に選ばれる"会社に舵を切る必要があるだろう。これは従業員の目線に立てば、一見会社都合であり、何か損をしているように感じる人も少なくないだろう。しかしながら生活のためにわざわざ活躍できない、求められていない企業にしがみつき、ぶら下がらざるを得ないという状況が本人にとって幸せなことではないことは自明である。"働かなくてはならない以上、その時間をより価値あるものにする"ことが重要であると考えれば、今属する組織で必要とされる人材像を理解し、自らの持つ能力や志向にそぐわなければ他社に活躍の場を求める、という行動を選択した

ほうがよい時代が来ているといえる。このような考えに立てば、企業側との対話に取り組むことは、働き手にとっても有意義なことであると考えている。

いずれにせよ、"従業員が自律的に行動して組織貢献するとともに、自身のキャリアを自らの力で築いていける状態に導いていくこと"は、企業においては必要不可欠な取組になりつつある。今後の労使は選び選ばれる関係となり、企業は交差点のような存在になっていくだろう。こうした動きは、自社の人材を「資本」として捉え、その人材に適切な「投資」を行って付加価値向上を図る人的資本経営の文脈でも、まさに求められている動きである。

企業が人的資本経営を実践していくためには、中長期的な事業成長のために必要な人材の質・量（＝人材ポートフォリオ）を定め、そうした人材を戦略的に確保・育成していくことが求められる。必要な人材の質・量を実現する上で、外部から必要な人材を積極採用することも1つの手段であるが、現行の労働法制や実態的な運用をふまえると、やはり多くの企業は今いる人材の付加価値向上を図ることになる。そのため自社人材の自律、挑戦を活性化していくことは、人的資本経営を実践していく上でも重要な一要素となるのである。加えて非連続な市場環境下においても持続的な成長を図るべく、最前線で環境変化を予測し自律的に対応しようとする人材の重要性は増し続けている。以上のように人的資本経営を実践する上でも、自律的な人材に資本を集中的に投入するということが必要となってきてい

第2章　プロアクティブ人材とは　29

るのである。このような文脈の中で、筆者らは2017年以降、日本企業の持続的成長におけるカギとなる自律的な人材をどう創出するかという問いを立て、類似概念として先行研究が進んでいたプロアクティブ行動に着目し、研究に取り組んできた。

2 プロアクティブ行動、その研究の変遷

　いよいよ本節よりプロアクティブ行動およびプロアクティブ人材に関する筆者らの研究内容および経緯についてふれていく。本節ではまずアカデミアにより積み上げられてきたプロアクティブ行動（Proactive Behavior）の知見を概観する。

　「巨人の肩に立つ」という言葉がある。これは、学問の成果が積み重ねられるさまを示すとともに過去の成果を生かすことの重要性を語る言葉でもある。自律的人材の育成手法を検討するにあたり、一部の限定的な経験によらず学術的な先行研究をレビューしている点が、筆者らの取組の特徴である。学術的研究は特定企業の営利に縛られず、純粋に目の前の現象に向き合い積み重ねられたものである。こうした研究成果をまずプロアクティブ行動を定義する上での理論的基盤としようというのが、今回筆者らがとったアプローチである。

(1) プロアクティブ行動に関する研究の抽出・選定手法

　筆者らは、プロアクティブ行動に関する過去の先行研究を整理するために、「システマティックレビュー」と呼ばれる手法を活用し、12本の論文を選定した。システマティックレビューとは、研究を網羅的に調査し、同質の研究をまとめ、バイアス

第2章　プロアクティブ人材とは　31

を評価しながら分析・統合を行う手法である[2]。

　まず、先行研究を概観するにあたり、プロアクティブ行動に関して中心的な役割を果たすと考えられるレビュー論文を選定した。具体的にはAPA（アメリカ心理学会）によって管理されている「APA PsycInfo」というデータベースを用い選定を行っている。「APA PsycInfo」には行動・社会科学の研究・学位論文・学術文献の情報が多数収録されている。検索方法としては、「APA PsycInfo」のデータベース上で、検索用語「Proactive Behavior」、検索対象「タイトル」、出版年「2000年〜2023年」を検索条件としてレビュー論文を検索した。その結果、Parker et al. (2019)[3]とCrant (2000)[4]の2本のレビュー論文が抽出された。次に「APA PsycInfo」のデータベース上で、検索対象を「キーワード」に変更の上、検索を実施した。その結果、Cai et al. (2019)[5]の論文が抽出された。上記をふまえ、本検討においては、Parker et al. (2019)、Crant (2000)、

2　公益財団法人日本医療機能評価機構「Minds診療ガイドライン作成マニュアル2020ver.3.0」第4章　https://minds.jcqhc.or.jp/docs/methods/cpg-development/minds-manual/pdf/all_manual_.pdf（参照日：2024年9月16日）

3　Parker, S. K., Wang, Y., & Liao, J. (2019). "When Is Proactivity Wise? A Review of Factors That Influence the Individual Outcomes of Proactive Behavior". *Annual review of organizational psychology and organizational behavior*, 6(1), 221-248.

4　Crant, J. M. (2000). "Proactive Behavior in Organizations". *Journal of management*, 26(3), 435-462.

5　Cai, Z., Parker, S. K., Chen, Z., & Lam, W. (2019). "How does the social context fuel the proactive fire? A multilevel review and theoretical synthesis". *Journal of organizational behavior*, 40(2), 209-230.

図表2－2　本検討でレビューを行ったプロアクティブ行動に関する先行研究一覧

	No.	本節での掲載順	論文名
レビュー論文	1		Parker, S. K. Wang, Y., & Liao, J. (2019). "When Is Proactivity Wise? A Review of Factors That Influence the Individual Outcomes of Proactive Behavior". *Annual review of organizational psychology and organizational behavior*, 6(1), 221-248.
	2	①	Crant, J. M. (2000). "Proactive Behavior in Organizations". *Journal of management*, 26 (3), 435-462.
	3	⑥	Cai. Z., Parker, S. K., Chen, Z., & Lam, W. (2019). "How does the social context fuel the proactive fire? A multilevel review and theoretical synthesis". *Journal of organizational behavior*, 40(2), 209-230.
レビュー論文を補佐する主要論文	4	⑤	Bindl, U. K., & Parker, S. K. (2011). "Proactive work behavior: Forward-thinking and change-oriented action in organizations." In *APA handbook of industrial and organizational psychology, Vol 2: Selecting and developing members for the organization.* (pp. 567-598). American Psychological Association.
	5	③	Grant, A. M., & Ashford. S. J. (2008). "The dynamics of proactivity at work". *Research in organizational behavior*, 28, 3-34.
	6	④	Parker, S. K., Bindl. U. K., & Strauss, K. (2010). "Making things happen: A model of proactive motivation". *Journal of management*, 36(4), 827-856.
	7	②	Griffin, M. A., Neal, A., & Parker. S. K. (2007). "A new model of work role performance: Positive behavior in uncertain and interdependent contexts". *Academy of management journal*, 50(2), 327-347.
	8	—	Wu, C. H., Parker, S. K., Wu, L. Z., & Lee, C. (2018). "When and why people engage in different forms of proactive behavior: Interactive effects of self-construals and work characteristics". *Academy of Management Journal*, 61(1). 293-323.
2018年以降の先行研究	9	⑦	Wu, X., Kwan, H. K., Wu, L. Z., & Ma. J. (2018). "The effect of workplace negative gossip on employee proactive behavior in China: The moderating role of traditionality". *Journal of Business Ethics*, 148, 801-815.
	10	⑧	Xu, Q. Zhang, G., & Chan, A. (2019). "Abusive supervision and subordinate proactive behavior: Joint moderating roles of organizational identification and positive affectivity". *Journal of Business Ethics*, 157, 829-843.
	11	—	Meyers, M. C. (2020). "The neglected role of talent proactivity: Integrating proactive behavior into talent-management theorizing". *Human Resource Management Review*, 30(2). 100703.
	12	—	Bohlmann, C. & Zacher, H. (2021). "Making things happen (un) expectedly: interactive effects of age, gender, and motives on evaluations of proactive behavior". *Journal of Business and Psychology*, 36, 609-631.

出所：株式会社日本総合研究所

Cai et al.（2019）の3本のレビュー論文を、先行研究を概観するための主要な論文として位置付けた（図表2-2　No.1～3）。

次に、プロアクティブ行動に関する先行研究の変遷を把握するために、服部（2023）[6]を参考にしつつ、5本の先行研究を選定した。これらの論文はプロアクティブ行動に関する定義の拡張や尺度の提示など、アカデミアにおける研究の変遷において重要な位置を占める論文であると捉え選定した（図表2-2　No.4～8）。

最後に、プロアクティブ行動に関する最新の研究動向を押さえることを重視し、2018年以降の先行研究にも着目した。具体的な選定方法としては、「Google Scholar」を用い、2018年以降に出版された論文のうち、タイトルに「Proactive Behavior」が含まれており、かつ掲載されている雑誌のインパクトファクターが5以上、そして該当論文の被引用数が20以上という条件で検索を行い、結果として4本の論文を選定した。なおインパクトファクターとは雑誌そのものの影響度を測る指標と解釈していただきたい（図表2-2　No.9～12）。

こうして選定した合計12本の論文についてその内容を把握し、プロアクティブ行動に関する研究の変遷を理解していった。

6　服部泰宏『組織行動論の考え方・使い方［第2版］──良質のエビデンスを手にするために』（有斐閣2023年）

(2) プロアクティブ行動に関する研究の変遷

　前述のとおり、筆者らの研究開発の過程では12本の論文のレビューを行った。本節ではプロアクティブ行動に関する研究の変遷を概観することを目的に、主要な6本の論文について要点を紹介していきたい。なお論文は発行年月日の順に掲載している。

❶ 『Proactive Behavior in Organizations』(Crant, 2000)

　プロアクティブ行動は1990年頃より学術的注目を浴びており、プロアクティブ行動を喚起するためのポイント（先行要因と呼ばれる）と、プロアクティブ行動の結果、どのような成果・効果につながるのかを特定するために、さまざまな研究が行われてきた。Crant（2000）は、それまでのproactiveおよびinitiative（どちらも自発的行動と訳される）に関わる研究をレビューし、職場環境におけるプロアクティブ行動の理論的基盤をとりまとめた。

　Crant（2000）は、「プロアクティブ行動とは、現在の状況を改善し、新たな状況を創造するために主体的に行動することであり、現状に対して受動的に適応するのではなく、現状に挑戦することである」と定義した上で、プロアクティブ行動を喚起するためのポイント（先行要因）として、従業員のパーソナリティに着目するアプローチと、環境条件に着目するアプローチを紹介している。

　前者の従業員のパーソナリティに着目するアプローチとして

第2章　プロアクティブ人材とは　**35**

は、従業員のプロアクティブな性格が、職場でのプロアクティブな行動につながるという考えのもと、「主体性：Proactive Personality」という概念を提唱した。また、主体性は状況に左右されず、環境の変化をもたらす個人の性格のことであり、職務遂行能力やリーダーシップ、組織改革マインドなどの尺度から評価することができることについてもふれられている。

これに加えて、後者の環境条件に着目するアプローチとして、職場環境や職務内容といった状況にもプロアクティブ行動を促進する先行要因は存在するという考えが示されている。例えば「裁量権の広さとそれがもたらす自己効力感」はその１つである。従業員の職務の幅が広い、すなわち裁量権があり、かつその職務に満足している従業員はプロアクティブ行動を起こしやすいと想定される。これは、職務の幅が広がるにつれ対応すべき不確実な要素が増加し、それに対処するため従業員が主体的に動く必要が発生するからであろう。

このように、Crant（2000）はプロアクティブ行動の先行要因をパーソナリティに着目するアプローチと環境条件に着目するアプローチの２要素から整理している。プロアクティブ行動の先行要因が個人要因と環境（社会的）要因から構成されるという考え方は、以降の研究にも踏襲されることになる。

❷ 『A new model of work role performance: Positive behavior in uncertain and interdependent contexts』(Griffin, M. A., Neal, A., & Parker, S. K., 2007)

Griffin et al.（2007）は、従業員のパフォーマンスを、「Proficiency（熟達行動。従業員が業務に対する役割や要件をどれほど満たしているか）」「Adaptivity（適応行動。従業員が業務の変化にどの程度対処できるか）」、そして、「Proactivity（プロアクティブ行動。自身の能力や作業状況を変化させるために、従業員がどれだけ主体的な行動をとるか）」として定義するとともに、この程度を測定する27項目の質問項目を提案した（図表2−3）。

そして、州政府機関の管理職約500人と2つの公的機関の従業員約1,000人を対象に調査を行い、熟達行動、適応行動、プロアクティブ行動のそれぞれが個人・チーム・組織のレベルから構成されると整理した。上記の調査をふまえ、Griffin et al.（2007）は、熟達行動・適応行動・プロアクティブ行動を個人・チーム・組織のそれぞれの単位に分類した上でそれらを把握する尺度を作成した。

仕事のパフォーマンスを構成する行動として割り当てられた職務を着実に遂行する熟達行動、環境変化に合わせて対応する適応行動に加え、将来を見据えた進取的、主体的行動としてのプロアクティブ行動を取り上げたこと、そしてその尺度を開発したことが本論文の特徴であるといえる。

❸ 『The dynamics of proactivity at work』（Grant, A. M., & Ashford, S. J., 2008）

2000年後半までにプロアクティブ行動についての研究が進み、特定のプロアクティブ行動の内容、その先行要因、プロアクティブ行動の結果としての効果について多くの知見が明らかになったが、全てのプロアクティブ行動を共通して説明できる

図表 2 − 3　Griffin et al. (2007) の尺度

		次元	下位次元
1	職務をうまく遂行している	熟達行動	個人の タスクにかかわる 熟達行動
2	標準化されたやり方で職務をこなしている		
3	職務を適切にやり遂げていると自負している		
4	職場の人々と仕事の調整を行っている		チーム・メンバーの タスクにかかわる 熟達行動
5	職場の人々とうまくコミュニケーションをとっている		
6	何かを頼まれたり、必要な時には職場の人々に手を貸している		
7	外部の人々（顧客など）に肯定的な組織のイメージを示している		組織メンバーとしての 熟達行動
8	外部の人々が組織の批判をしたときは、組織を擁護している		
9	組織のことを肯定的に話している		
10	職務の変化にうまく適応している	適応行動	個人の タスクにかかわる 適応行動
11	職務遂行の手法上の変化に対して取り組んでいる		
12	職務の変化に対応するために新たなスキルを学んでいる		
13	職場に影響を及ぼすような変化に効果的に取り組んでいる		チーム・メンバーの タスクにかかわる 適応行動
14	職場での仕事のやり方が変わった場合のために新たなスキルを学んだり、新たな役割を担ったりしている		
15	職場での仕事の遂行上の変化に対して建設的に対応している		
16	組織全体にわたる変化に対して柔軟に取り組んでいる		組織メンバーとしての 適応行動
17	組織の経営にかかわる変化に対応するためにスキルを学んだり、情報を獲得したりしている		
18	組織全般にわたる変化に対応するためにスキルを自発的に実行している		
19	職務をよりよく遂行するための手法を自発的に実行している	プロアクティブ行動	個人の タスクにかかわる プロアクティブ行動
20	職務遂行の方法に関する改善案を考え出している		
21	職務遂行の方法を適宜変更している		
22	職場単位で効率を高められるような手法を提案している		チーム・メンバーの タスクにかかわる プロアクティブ行動
23	職場単位で成果を高めるための手法を改善・開発している		
24	職場単位での仕事の改善を行っている		
25	組織全体の効果を改善するために提案を行っている		組織メンバーとしての プロアクティブ行動
26	組織効率の改善のために変革に自ら取り組んでいる		
27	組織内の効率性を高めるための手法を提案している		

注：選択肢は1．ほとんどない（やっていない）～5．かなりある（やっている）。
出所：服部泰宏『組織行動論の考え方・使い方［第2版］』（有斐閣2023年）p.231より引用

統合的な理論研究は少なかった。そこで、Grant & Ashford（2008）は、プロアクティブ行動に関わる代表的な先行研究をレビューすることによって、プロアクティブ行動は、3つのフェイズ（将来的な状況を予測する、自身の行動を計画する、計画に基づいて行動する）によって行われると整理した。

　また、Grant & Ashford（2008）は、プロアクティブ行動の先行要因・プロアクティブ行動・効果（結果）を統合的なモデルとして整理した。本モデルによると、プロアクティブ行動は「状況要因」、「心理的メカニズム」、「個人の性格要因」によって説明される。具体的には「状況要因」が特定の「心理的メカニズム」を引き起こすことによって、プロアクティブ行動を促進する。その際、状況要因が心理的メカニズムを引き起こす度合いは、個人の持つ性格によって変化するとされる。

　本論文で挙げられている例として、不確実性の高い状況（状況要因）がある。自身の職務の範囲や内容が曖昧である不確実性の高い状況（状況要因）においては、従業員はその不確実性を減らしたいという欲求（心理的メカニズム）が働き、職務の目的を明確にするための情報と支援を自ら求める（プロアクティブ行動）。この時、神経質な性格を持つ従業員（個人の性格要因）は、そうでない従業員よりも不確実性を減らしたいという欲求が強くなり、プロアクティブ行動が促進される度合いが大きくなると想定される。

　このようにCrant（2000）が整理したプロアクティブ行動の先行要因（個人要因と環境要因）を統合的なモデルの中で説明

した点が、本論文の重要な点の１つであるといえる。

❹ 『Making things happen: A model of proactive motivation』(Parker, S. K., Bindl, U. K., & Strauss, K, 2010)

　Parker et al.（2010）では、プロアクティブ行動の先行要因を個人的な要因と環境的な要因に整理し、先行要因とプロアクティブ行動をつなぐ要因を見出している。先行要因とプロアクティブ行動をつなぐ要因は媒介要因と呼称されるが、本論文では、個人のモチベーション状態（Proactive Motivation States）が重要な媒介要因であるとしている。

　個人のモチベーション状態は「Can do（可能）状態／Reason to（理由付け）状態／Energized to（活性化）状態」の３つに分類される。Can do状態は、自身がその行動を起こすことができるかどうか、その行動は実現可能なものか、行動に伴うコストやリスクはどれほどか、を認識した上で「自分にできる」と判断した状態を指す。Reason to状態は、現在のタスクと将来的な自身の目標との関連が強い場合または、自身の立場や状況に応じた責任感を認識している状態を指す。Energized to状態は、自身の内的動機や他者の行動などによって肯定的感情が増幅されている状態である。それぞれのモチベーションの状態がプロアクティブ行動を促進するが、Energized to状態のほうがCan do状態、Reason to状態よりも、より直接的にプロアクティブ行動を促進することが理論的に示されている。

　このようにParker et al.（2010）は、先行要因とプロアクティブ行動を媒介する要因としてモチベーションを位置付けた上

で、それを3つのレベルから整理している。プロアクティブ行動をどう喚起するかについて、さらにその解像度を高める研究と位置付けることができる。

❺ 『Proactive work behavior: Forward-thinking and change-oriented action in organizations』(Bindl, U. K., & Parker, S. K., 2011)

Bindl & Parker（2011）では、先行研究を参照し、プロアクティブ行動を「状況を掌握し、その状況や自己に変化をもたらすために先回りして考えることを含む、自己主導的な行動およびそのプロセス」と捉えている。また、職場でのプロアクティブ行動をその目的と性質に基づきProactive Work Behavior（組織内部の環境をコントロールし、変化をもたらすことを目的とした行動）、Proactive Strategic Behavior（チームや組織の戦略と外部環境との適合性を調整し、その変化を起こすことを目的とした行動）、Proactive Person-Environment Fit Behavior（自身のスキルや価値観と組織環境との間の適合性を高めることを目的とした、個人的な行動）、Proactive Career Behavior（仕事を確保したり、新しい仕事に就いたりするための行動）の4つに分類した上で研究を進めている（図表2－4）。

その上で、プロアクティブ行動の先行要因を個人要因（Individual Differences）と状況要因（Situational Differences）の2つに分類し、プロアクティブ行動の結果を個人（Individual）、チーム（Team）、組織（Organization）の成果の3つの観点から整理している。これは各個人が発揮するプロアクティブ行動

第2章　プロアクティブ人材とは　41

図表 2 − 4 　Bindl, U. K., & Parker, S. K.（2011）におけるプロ
　　　　アクティブ行動の概念

カテゴリー名	説明
Proactive Work Behavior	組織内部の環境をコントロールし、変化をもたらすことを目的とした行動
Proactive Strategic Behavior	チームや組織の戦略と外部環境との適合性を調整し、その変化を起こすことを目的とした行動
Proactive Person-Environment Fit Behavior	自身のスキルや価値観と組織環境との間の適合性を高めることを目的とした、個人的な行動
Proactive Career Behavior	仕事を確保したり、新しい仕事に就いたりするための行動

出所：Bindl, U. K., & Parker, S. K.（2011）に基づき作成（筆者ら訳）

が個人レベルだけでなく、チーム、組織レベルの成果につながることを意味し、組織としての成果を追求するために、従業員個人のプロアクティブ行動を促進させることの必要性を示唆しているといえる（図表 2 − 5 ）。

❻ 『How does the social context fuel the proactive fire? A multilevel review and theoretical synthesis』（Cai, Z., Parker, S. K., Chen, Z., & Lam, W, 2019）

Cai et al.（2019）では、プロアクティブ行動に先行要因として影響を与える社会的要因とプロアクティブ行動の間に存在する媒介要因の働きについて152の先行研究に基づき、統一的な

図表2-5 Bindl, U. K., & Parker, S. K. (2011)におけるプロアクティブ行動の因果モデル

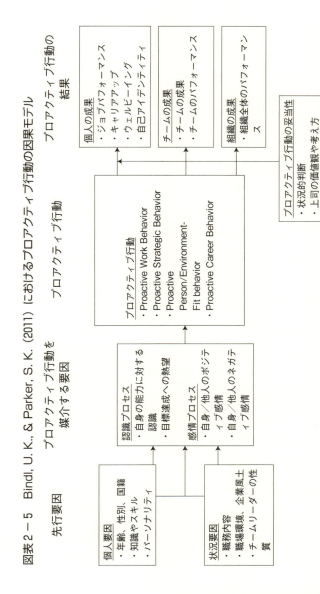

出所：Bindl, U. K., & Parker, S. K. (2011) よりFigure 1: Model of Individual-level Proactive Behavior（筆者ら訳）

第2章 プロアクティブ人材とは 43

因果モデルを整理した。

　社会的先行要因を組織関連、リーダーシップ関連、チーム風土関連の３種類に整理し、それぞれの社会的要因が直接的にプロアクティブ行動を促進するのではなく、その間には社会的要因とプロアクティブ行動を媒介する媒介要因が存在することを示している。本論文ではParker et al.（2010）に代表される過去の先行研究に基づき、個人のモチベーションの状態が先行要因とプロアクティブ行動をつなぐ媒介要因であると示す。

　また、Cai et al.（2019）では、Bindi & Parker（2011）でもふれられたチームの概念を、成果だけではなく、プロアクティブ行動およびその媒介要因にまで適用している点が特徴的である。端的にいうと、これまで個人のレベルで検討されてきたモチベーション（プロアクティブ行動の媒介要因）とプロアクティブ行動そのものがチームレベルでも想定されると述べているのである。

　図表２−６は、Cai et al.（2019）における因果モデルであり、図中のA〜D、G、Hが各項目間の関係性を示し、括弧内の数字はそれぞれと関連する先行研究の数を示している。個人のプロアクティブモチベーションがチームのプロアクティブモチベーションに寄与する関係性が「G」、個人のプロアクティブ行動がチームのプロアクティブ行動に寄与する関係性が「H」として示されている。G・Hとも先行研究で検証された関係性ではなく、あくまでも先行研究から推察される仮説であると注釈がつけられている。

図表2−6　Cai, Z., Parker, S. K., Chen, Z., & Lam, W. 2019. におけるプロアクティブ行動の因果モデル

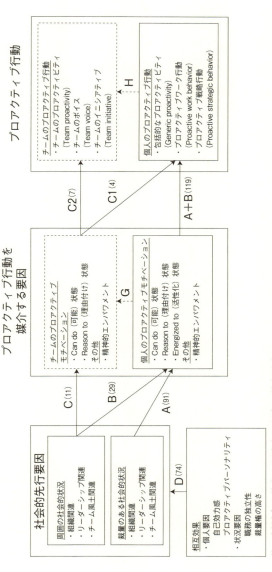

注：括弧内の数字は関連する研究の数を示す。
　　点線部分は、今後の研究によって詳細な調査が必要である。
出所：Cai, Z., Parker, S. K., Chen, Z., & Lam, W (2019) よりFIGURE 5: The Integrative Model Showing the Number of Studies for Each Key Pathway（筆者ら訳）

第2章　プロアクティブ人材とは　45

先行研究では、個人の性格や個人が置かれた状況を先行要因として、個人単位でのプロアクティブ行動を想定していた。一方で、チームに対するモチベーションとプロアクティブ行動という概念は、個人が所属するチームに対して行うプロアクティブな行動が存在することを示し、チームという小集団を単位とした研究が必要であることに言及している。個人レベルのプロアクティブ行動とチームレベルのプロアクティブ行動の双方を考えていく必要性を提示した点が本研究の重要な点であるといえる。

　ここまでプロアクティブ行動に関する研究のうち、構成概念や尺度を提示するなどの役割を果たした6つの論文を紹介した。ここまでの内容を整理すると、2000年前後から進められてきたプロアクティブ行動に関する研究は、概ね以下のような変遷をたどってきたといえる。

(1)　プロアクティブ行動は、主体的・挑戦的な行動（Crant, 2000）という定義を起点に、幅広い概念として整理されており、またより詳細な行動に展開されていった。この点は第3節でより詳細にふれていきたい。

(2)　プロアクティブ行動を喚起する要因（先行要因）として個人要因と環境要因が明確化されるとともに、先行要因によりプロアクティブ行動が喚起され、これが結果に結びつく、ということを示すモデル（因果モデルと呼称する）が整理された（Crant, 2000）。

(3)　プロアクティブ行動そのものを可視化しようとする動きが

活発化し、プロアクティブ行動の度合いをどう測定するかについてその尺度が提示された（Griffin et al., 2007）。

(4)　先行要因の体系化や先行要因とプロアクティブ行動をつなぐ媒介要因の整理が行われ、初期の因果モデルの拡張・深化が行われた（Grant & Ashford, 2008, Parker et al., 2010, Bindl & Parker, 2011）。

(5)　個人のプロアクティブ行動に対し、チームのプロアクティブ行動という概念が提唱され、チームレベルでのプロアクティブ行動の研究の必要性が示唆された（Cai et al., 2019）。

　最後に、2018年以降に出版された論文を2本紹介し、プロアクティブ行動に関する最新の研究の動向を示す。

❼　『The effect of workplace negative gossip on employee proactive behavior in China: The moderating role of traditionality』(Wu, X., Kwan, H. K., Wu, L. Z., & Ma, J, 2018)

　Wu et al.（2018）は、職場における感情的疲労を生じさせる要因として、「職場内のゴシップ」を取り上げて研究を行った。彼らは、中国のある製造会社の従業員365人を対象に質問紙調査を実施し、職場内ゴシップと従業員のプロアクティブ行動の影響を検討した。結果、職場内のゴシップはゴシップの対象となっている従業員に感情的疲労を生じさせることが分かった。そして、興味深いことに、中国の伝統的な社会規範や慣習を尊重するような性質を持つ従業員ほど、ゴシップに対して感情的疲労を感じてしまい、プロアクティブ行動への悪影響が大

第2章　プロアクティブ人材とは　47

きくなることが分かった。逆に、伝統を重んじない従業員ほど、ゴシップに対して心労を感じずプロアクティブ行動への悪影響が少ないことが明らかになった。

　ストレスと行動の動機付けを説明したCOR理論（Conservation of Resources Theory）によると、人々は価値ある資源（物的、条件的、個人的、エネルギー資源）を獲得し、維持することを目的として行動する傾向にある（Hobtoll & Shirom, 2001）。この理論は職場内の従業員の行動にも適用され、資源の有無によって従業員の行動や態度を予測できると考えられる。例えば、ある従業員の業務が当人の能力やキャパシティを超える場合、個人的資源は大幅に減少し、その従業員はさらなる資源消費を抑えるように動く。そのため、防衛的になり、新たな仕事の引き受けを躊躇したり、周囲にサポートを求めるのを控えたりしてしまう。プロアクティブ行動を起こすためには、「○○したい」「○○できる」という願望や高い自己効力感、ポジティブな感情が必要である。資源を喪失して防衛的になった従業員の状態は、したがって、当人のプロアクティブ行動を促進させにくい状態であるといえる。

　職場内のゴシップは、同僚や上司からの否定的な評価や態度を生じさせ、ゴシップのターゲットになった従業員のネガティブな心理状態を引き起こす。つまり、これは当人にとってある種の資源の喪失を意味し、職場内のゴシップを認識した際、従業員は自身の資源を活用して状況を変えようと行動するか、これ以上の資源の消失が起こらないように防御的な態度をとる。

具体的には、仕事に注ぐエネルギーを減らしたり、他の社員との交流機会を減らしたりという行動に表れ、プロアクティブ行動とは異なる行動が選択されやすくなる。

❽『Abusive supervision and subordinate proactive behavior: Joint moderating roles of organizational identification and positive affectivity』(Xu, Q., Zhang, G., & Chan, A, 2019)

Xu et al.（2019）の研究は、Lazarus & Folkman（1984、1987）が提唱した「ストレス取引モデル（Transactional Model of Stress）」を援用し、従業員にとっての職場内のストレス要因として「上司からの不当な扱い（Abusive Supervision）」を取り上げ、当の従業員のプロアクティブ行動との関連性を調査したものである。

ストレス取引モデルでは、職場内でストレスを感じる状況にある場合、その従業員はその否定的な影響を排除または軽減するように行動すると考えられている。また、ストレス要因が及ぼす個人への影響は、組織の一員であるという意識、すなわち組織アイデンティティの多寡によって変化することが分かっている（Decoster et al., 2013）。組織アイデンティティが強いほど、職場内のストレスが従業員のパフォーマンスに与える悪影響は減少する。同様に、個人がポジティブな感情を持つ傾向が強い場合、ストレス要因が仕事に与える影響を緩和することが分かっている（Hochwarter et al., 2003, Harvey et al., 2007）。このような背景から、Xu et al.（2019）は、上司からの不当な扱いが部下のプロアクティブ行動にもたらす影響について検証

第2章　プロアクティブ人材とは　49

し、さらにそれを緩和・促進する要因として、従業員の「組織アイデンティティ」と「ポジティブ感情」に着目した。

　調査は二度行われ、中国南東部の歯科病院の医師とその部下、そして中国南東部の大手運輸会社の上司とその部下を対象に行われた。歯科病院での調査では、上司からの不当な扱いは従業員のproactivityと負の相関が見られ、組織アイデンティティによってその影響の度合いは変化することが分かった。つまり、従業員の組織アイデンティティが強いほど、上司からの不当な扱いがあってもプロアクティブ行動への悪影響は少なくなるといえる。また、ポジティブ感情についても組織アイデンティティと同様に、ポジティブ感情が強い場合、上司からの不当な扱いがプロアクティブ行動に与える負の影響を緩和することが示された。

　つまり、ストレス取引モデルに基づき、上司からの不当な扱いというストレスがかかる状況に部下が置かれると、プロアクティブ行動は促進されづらくなるが、この時、組織アイデンティティや個人のポジティブ感情が高い場合、上記の影響が緩和されることが示されたといえる。

　Wu et al.（2018）では「職場内のゴシップ」、Xu et al.（2019）では「職場内の上司からの不当な扱い」という職場内の特定の環境要因とプロアクティブ行動に関する関係性が研究されている。前述のとおり、プロアクティブ行動は個人要因と環境要因から構成されるが、このうち環境要因について近年多様な研究が行われていると推察される。環境要因は個人要因に比べ、管

50

理者による介入が行いやすい要因であるため、「プロアクティブ行動を促進するために企業は具体的にどのような職場環境を目指すべきか」という実践的な研究が近年進められているといえる。

3 プロアクティブ行動の定義と測定方法

　第2節では、アカデミアにおけるプロアクティブ行動研究の歴史・変遷についてポイントを中心に概観してきた。プロアクティブ行動の定義は拡大され、詳細化されていった一方で、プロアクティブ行動の向上にはどのような先行要因が有効で、どのような経路でプロアクティブ行動の喚起につながるのか、というメカニズムの研究が進んできたことを述べてきた。そしてさらに効果につながる道筋として、個人のプロアクティブ行動に留まらない、チームとしてのプロアクティブな状態の必要性について研究が進み始めた点についても確認してきた。

　本節では、こうした先行研究をふまえつつ、ビジネスの現場での対話を経てブラッシュアップし定義した「日本企業で必要とされるプロアクティブ行動」、そしてその測定手法について、その研究経緯も交えつつ解説していきたい。

　まず、個人のプロアクティブ行動の定義および測定手法について、筆者らの研究経緯と結果について述べた上で、チームのプロアクティブ状態という概念およびその測定手法を紹介する。

(1) プロアクティブ行動の定義に向けた取組

❶ 先行研究の共通要素の整理

そもそも、プロアクティブ行動とはどのような行動を指しているのだろうか。前述のとおり、プロアクティブ行動についてはさまざまな先行研究が積み重ねられてきた。ただし、プロアクティブ行動が具体的にどのような行動を指すのかについて、先行研究によっても多少の違いがあることは前節をご参照いただければお分かりかと思う。本項ではまずプロアクティブ行動を構成する具体的な行動について、前節で紹介した12の先行研究のうち、特にプロアクティブ行動について詳細に定義している先行研究を取り上げつつ比較していく。なお各先行研究においてプロアクティブ行動をどの範囲まで含めるかについては明示されているケース、解釈が必要なケースの両方があるため、先行研究をふまえた筆者らの解釈が伴っている点に留意いただきたい。

前節でも紹介した2000年までの理論的基盤をとりまとめた論文であるCrant（2000）[7]では、プロアクティブ行動を、①Identifying opportunities to improve things、②Challenging the status quo、③Creating favorable conditions、そして④Socialization、⑤Feedback seeking、⑥Issue selling、⑦Innovation、⑧Career management、⑨Stress copingの9つで例示し

---

7 Crant, J. M. (2000). "Proactive Behavior in Organizations". *Journal of management*, 26(3), 435-462.

ていると解釈できる。①改善の機会を捉え、②現状打破に挑戦し、③よりよい状態を創出する、という中核的な行動があり、これを支える④社会化（ここでは主に新入社員のオンボーディングという文脈で取り上げられている）、⑤フィードバック探索、⑥問題提起（ここでは中間管理職が経営層に対して行う行動として取り上げられている）、⑦革新、⑧キャリア管理、⑨ストレス対処、といった行動・志向が存在すると整理されていると解することができる（図表2-7）。

次にGriffin et al.（2007）[8] は、仕事のパフォーマンスを構成する行動の1つとしてプロアクティブ行動を捉えており、個人

図表2-7　Crant（2000）で示されているプロアクティブ行動

No.	原文	日本語
①	Identifying opportunities to improve things	改善機会の特定
②	Challenging the status quo	現状打破への挑戦
③	Creating favorable conditions	よりよい状態の創出
④	Socialization	社会化
⑤	Feedback seeking	フィードバック探索
⑥	Issue selling	問題提起
⑦	Innovation	革新
⑧	Career management	キャリア管理
⑨	Stress coping	ストレス対処

出所："Proactive Behavior in Organizations"（Crant, 2000）に基づき作成（筆者ら訳）

54

のプロアクティブ行動の測定項目として3項目を提示している。①Initiated better ways of doing your core tasks（職務をよりよく遂行するための手法を自発的に実行していること）、②Come up with ideas to improve the way in which your core tasks are done（職務を遂行する手法について改善案を考案していること）、③Made changes to the way your core tasks are done（職務の遂行方法を適宜変更していること）という3つの行動である。なお、本先行研究ではこうした職務などの改善行動の対象を、個人のタスクというレベルだけではなく、チーム全体、組織全体まで広げて捉えている点も特徴的である（図表2−8）。

Grant & Ashford（2008）[9] は、この時点におけるプロアクティブ行動に関するさまざまな先行研究をレビューしており、プロアクティブ行動の範囲も広く捉えられるようになっている。同研究では、①seeking feedback（フィードバック探索）、②building social networks（ネットワーク構築）、③problem-solving（問題解決）、④actively adapting to new environments（新しい環境への適応）、⑤taking initiative in pursuing personal and organizational goals（個人組織目標に対する達成志向性）、⑥expressing voice（意見表明）、⑦innovation（革新）、⑧tak-

---

8　Griffin, M. A., Neal, A., & Parker, S. K.（2007）. "A new model of work role performance: Positive behavior in uncertain and interdependent contexts". *Academy of management journal*, 50(2), 327-347.

9　Grant, A. M., & Ashford, S. J.（2008）. "The dynamics of proactivity at work". *Research in organizational behavior*, 28, 3-34.

第2章　プロアクティブ人材とは　55

図表2－8　Griffin et al.（2007）で示されているプロアクティブ行動

No.	原文	日本語
①	Initiated better ways of doing your core tasks	職務をよりよく遂行するための手法を自発的に実行していること
②	Come up with ideas to improve the way in which your core tasks are done	職務を遂行する手法について改善案を考案していること
③	Made changes to the way your core tasks are done	職務の遂行方法を適宜変更していること

出所：“A new model of work role performance: Positive behavior in uncertain and interdependent contexts”（Griffin, M.A., Neal, A., & Parker, S.K., 2007）に基づき作成（筆者ら訳）

ing charge（責任感）、⑨acting in advance to influence individuals and groups（個人や集団に影響を与える行為）、⑩selling issues（課題提起）、⑪expanding roles（役割の拡張）、⑫revising tasks（課業の見直し）、⑬crafting jobs（職務の見直し）、⑭implementing ideas and solving problems（アイデアの実行と問題解決）、⑮career initiative（キャリアに対する主体性）といったものをプロアクティブ行動およびそれに付随する要素として挙げている（図表2－9）。

　Parker et al.（2010）[10]ではプロアクティブ行動およびその付

10　Parker, S. K., Bindl, U. K., & Strauss, K.（2010）. "Making things happen: A model of proactive motivation". *Journal of management*, 36（4）, 827-856.

図表2－9　Grant & Ashford（2008）で示されているプロアクティブ行動

No.	原文	日本語
①	seeking feedback	フィードバック探索
②	building social networks	ネットワーク構築
③	problem-solving	問題解決
④	actively adapting to new environments	新しい環境への適応
⑤	taking initiative in pursuing personal and organizational goals	個人組織目標に対する達成志向性
⑥	expressing voice	意見表明
⑦	innovation	革新
⑧	taking charge	責任感
⑨	acting in advance to influence individuals and groups	個人や集団に影響を与える行為
⑩	selling issues	課題提起
⑪	expanding roles	役割の拡張
⑫	revising tasks	課業の見直し
⑬	crafting jobs	職務の見直し
⑭	implementing ideas and solving problems	アイデアの実行と問題解決
⑮	career initiative	キャリアに対する主体性

出所："The dynamics of proactivity at work"（Grant, A. M., & Ashford, S. J., 2008）に基づき作成（筆者ら訳）

第2章　プロアクティブ人材とは　57

図表2-10　Parker et al.（2010）で示されているプロアクティブ
　　　　　行動

No.	原文	日本語
①	taking charge	責任意識
②	problem prevention, and voice	問題の予防と表明
③	network building	ネットワーク構築
④	individual innovation	個々の革新
⑤	feedback seeking・feedback inquiry	フィードバックの探索やフィードバックを得るための問いかけ
⑥	job-change negotiation	職務変更に向けた交渉
⑦	issue selling	問題提起
⑧	career initiative	キャリアに対する主体性

出所："Making things happen : A model of proactive motivation"（Parker,
S. K., Bindl, U. K., & Strauss, K., 2010）に基づき作成（筆者ら訳）

随的特徴についてまとめており、その中では、①taking
charge（責任意識）、②problem prevention, and voice（問題の
予防と表明）、③network building（ネットワーク構築）、④indi-
vidual innovation（個々の革新）、⑤feedback seeking・feed-
back inquiry（フィードバックの探索やフィードバックを得るた
めの問いかけ）、⑥job-change negotiation（職務の変更に向けた交
渉）、⑦issue selling（問題提起）、⑧career initiative（キャリア
に対する主体性）といったものを挙げている（図表2-10）。

　最後に比較的新しい先行研究であるCai et al.（2019）[11]におけ
るプロアクティブ行動の定義についてもふれておきたい。この

図表2-11　Cai et al.（2019）で示されているプロアクティブ
　　　　　行動

No.	原文	日本語
①	taking charge	責任意識
②	personal initiative	個人主導的であること、責任意識を持つこと
③	innovative behavior	革新的行動
④	voice	意見表明
⑤	feedback seeking	フィードバックの要求
⑥	general proactivity	全般的な積極性

出所："How does the social context fuel the proactive fire? A multilevel review and theoretical synthesis"（Cai, Z., Parker, S. K., Chen, Z., & Lam, W., 2019）に基づき作成（筆者ら訳）

先行研究では、①taking charge（責任意識）、②personal initiative（個人主導的であること、責任意識を持つこと）、③innovative behavior（革新的行動）、④voice（意見表明）、⑤feedback seeking（フィードバックの要求）、⑥general proactivity（全般的な積極性）といったものがプロアクティブ行動およびそれに付随する要素として挙げられている（図表2-11）。

　ここまで見てきたように、先行研究によって行動の内容や粒度および類型数に違いがあること、また研究を重ねるごとにプロアクティブ行動の範囲が広がっていっているさまが見て取れ

11　Cai, Z., Parker, S. K., Chen, Z., & Lam, W.（2019）. "How does the social context fuel the proactive fire? A multilevel review and theoretical synthesis". *Journal of organizational behavior*, 40（2）, 209-230.

第2章　プロアクティブ人材とは　59

ると思う。反面、これまで重ねられた研究の中に幹となる基本概念が見て取れることも分かるのではないだろうか。図表2－12は、上述した先行研究におけるプロアクティブ行動の定義をグルーピングした図表である。

1つ目の分類は【問題解決・革新の考案、提案】である。この行動はさまざまな先行研究にわたってプロアクティブ行動を代表する行動として非常に多く取り上げられている。将来を見越して変化をもたらすというプロアクティブ行動の中核をなす行動であり、また組織貢献につながるか否かを左右する行動であるだけに、その解釈も詳細にかつ幅広く定義されていったという経緯が見て取れた。

2つ目の分類は【キャリア開発】である。先行研究で定義される行動内容を総合すれば、自ら主体的にキャリア戦略を描くとともに、実現に向けたキャリアマネジメントを行うという一連の行動がここに該当する。社員が自律的にキャリア開発に取り組み、キャリア競争力を高めるというキャリア自律の概念が注目されていることはご存知のことと思う。企業と従業員が選び選ばれる関係にならなければならず、お互いもたれ合う関係であっては企業経営は成り立たないという時代背景もあり、プロアクティブ行動の重要な要素として先行研究で取り上げられているものと考えられる。

3つ目の分類は【フィードバック探索】である。【フィードバック探索】にふれられている先行研究では、フィードバックを自ら求める、要求する、監視するといった形で能動的な行動

図表2−12 主要な先行研究による行動定義の分類

行動分類／論文名	問題解決・革新の考案、提案	キャリア開発	フィードバック探索	社会とのネットワーキング	左記以外の要素
Crant (2000)	・改善機会の特定 ・現状打破への挑戦 ・よりよい状態の創出 ・問題提起 ・革新	・キャリア管理	・フィードバック探索	・社会化	・ストレス対処
Griffin et al. (2007)	・職務をよりよく遂行するための手法を自発的に実行していること ・職務を遂行する手法について改善案を考案していること ・職務の遂行方法を適宜変更していること				
Grant & Ashford (2008)	・問題解決 ・意見表明 ・革新 ・課題提起 ・役割の拡張 ・業務の見直し ・アイデアの実行と問題解決	・キャリアに対する主体性	・フィードバック探索	・ネットワーク構築 ・新しい環境への適応 ・個人や集団に影響を与える行為	・個人組織目標に対する達成志向性 ・責任感
Parker et al. (2010)	・問題の予防と表明 ・個々の革新 ・職務変更に向けた交渉 ・問題提起	・キャリアに対する主体性	・フィードバックの探索やフィードバックを得るための問いかけ	・ネットワーク構築	・責任意識
Cai et al. (2019)	・革新的行動 ・意見表明		・フィードバックの要求		・責任意識 ・個人主義的であること、責任意識を持つこと ・全般的な積極性

出所：株式会社日本総合研究所

として定義されている点が特徴的といえるだろう。また、先行研究において【問題解決・革新の考案、提案】に次いでふれられている行動でもある点に留意したい。今の時代、個人が認知できるリスク・チャンスはあまりにも限定的である。主体的な【問題解決・革新の考案、提案】をよりよい形に仕上げるためには多面的、多角的な検証や創発が必要不可欠であるということが、能動的な【フィードバック探索】をプロアクティブ行動の重要な要素としてさまざまな先行研究が取り上げている背景であろう。

最後に【社会とのネットワーキング】である。一般的に社会化とは他者との関係性の中で既成の社会に適応・同化していくこと、もっと端的にいえばなんらかの社会や組織のメンバーになっていくプロセスといわれる。例えば【フィードバック探索】の前段階として、また【問題解決・革新の考案、提案】の前段階として、関係者と協力関係を築きつつ、情報収集・交換を行うネットワーク構築を行うことが必要であることはイメージしやすいだろう。

以上のように、行動という側面から先行研究を紐解いたとき、【問題解決・革新の考案、提案】【キャリア開発】【フィードバック探索】【社会とのネットワーキング】という、大きく４つの概念に収斂されることを確認してきた。

❷　ビジネスの現場への適合度向上に向けた対話

筆者らは、こうした先行研究に基づき整理した行動概念を、さまざまなステークホルダーとの対話を繰り返すことで、「日

本企業で必要とされるプロアクティブ行動」としての定義を深めていった。ここではどのような対話があったか、どのような疑問が提示され、どのように結論付けられたのかといった検討の経緯についてふれていきたい。

【問題解決・革新の考案、提案】について議論のポイントとしてよく挙がったのは、「この行動ではイノベーション創出につながる行動のみを想定するのか、改善的な行動まで含めるのか」という議論であった。この点については、プロアクティブ行動の研究目的を鑑み、概念としての射程を広く捉えるべくイノベーションに限定せず、改善なども含めた定義とすることとした。その理由としては、プロアクティブ行動の定義は経営層と従業員のコミュニケーションとして広く活用できるものを目指すべきであり、イノベーションに限定すると利用できない部門や職種が広範囲となってしまうことが懸念されたためである。ただし議論の中で、あくまで自律的・能動的な行動に限定すべきであることについても多くの主張があった。指示を受けての改善活動、新規事業部門におけるルーティン化した社内ベンチャー制度の運営、などは経営層の求める【問題解決・革新の考案、提案】ではないということである。

これを受けて筆者らは、【問題解決・革新の考案、提案】を「革新行動」という名称に変更するとともに、この具体的な行動内容として「自身および職場全体の仕事を捉え直してみたり、やり方や手続きなどを変えたりして、自身の仕事を巡る環境を変えようとする行動。自身で仕事そのものを前向きに変え

第 2 章　プロアクティブ人材とは　**63**

る行動ともいえる」と定義するに至った。

　次の【キャリア開発】においては、その定義そのものについて議論が挙がることはなかった。自ら主体的にキャリア戦略を描くとともに、実現に向けたキャリアマネジメントを行うという一連の行動（「キャリア開発行動」と呼称）について、革新行動の品質、スピード、そして生産性を支える上で必要不可欠であるものであるという認識に異論はなかったということである。また、国際競争の中においても持続的成長を図るためには、終身雇用と年功序列を基盤とした日本の雇用慣行から脱却しなければならないことは自明であり、従業員と企業は「選び選ばれる関係にならなければならない」ことが叫ばれているが、これを支える上でも、従業員のキャリア開発行動を喚起することは、非常に重要な経営課題であるという意見も聞かれる結果となった。

　なお少し視点が変わる可能性はあるが、「他の３つの行動とキャリア開発行動は因果の関係になるのではないか」という議論はあった。革新行動や【フィードバック探索】【社会とのネットワーキング】といったプロアクティブ行動を形成するその他の行動のゴールとしてキャリア開発行動を扱うという考え方もあるのではないか、という議論である。現段階での筆者らの捉え方は、プロアクティブ行動を構成する４つの行動はそれぞれが有機的に連携しているというものである。少なくとも定型的な順序で形成されるものではないと考えており、因果と捉えるのは適切ではなく、相互作用していると捉えることが妥当で

あると考えている。

　図表2-13を参照いただければ分かるとおり、キャリア開発行動と他3つの行動の関係に着目しても、相互に関連し相乗効果を発揮していることが分かるだろう。また付け加えるならば、どの行動を起点としても違和感がないストーリーとすることができることもお分かりいただけるのではないだろうか。例えば【フィードバック探索】からキャリア開発上の問題意識を形成した後、キャリア開発行動を起こし、獲得したスキルや知

図表2-13　キャリア開発行動に注目したプロアクティブ行動の構造（仮説）

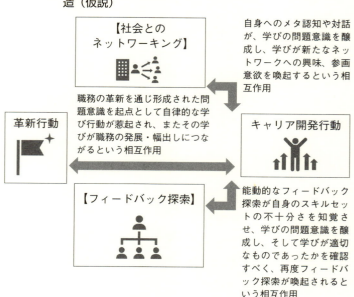

出所：株式会社日本総合研究所

識を組織貢献につなげるべく革新行動を起こすという組織貢献をゴールとするパスもあれば、革新行動を起点に不足するスキルを開発するという形でキャリア開発行動がゴールとなるパスも想定されるということである。このように、どの行動を起点とし、プロアクティブ行動が始まるか、またどのように相乗効果を生み出しつつ、他の行動に波及していくのか、という点において非常に自由度の高い枠組みであるということである。言い換えれば、この4つの行動はさまざまな自律・挑戦・変革を成果につなげていくストーリーを説明するための構成要素としての可能性を秘めていると解釈できる。

　さて、【フィードバック探索】と【社会とのネットワーキング】については、その対象範囲が議論となることが多かった。自らを起点に考えれば、【社会とのネットワーキング】そして【フィードバック探索】の範囲は、自社のチームや課・部内・全社そして外部などさまざまである。その難易度を考慮し、まず組織内、組織外（外部ネットワーク）を二分すべきである、という結論に達した。その上で【フィードバック探索】はどのような目的のもと、どのような範囲で行うべきなのかについて議論を行った。これについても内部と外部でその目的と範囲が異なると整理した。組織外部においては、主に自身の知見向上を目的とした【フィードバック探索】を行う「外部ネットワーク探索行動」として定義した。この定義の背景には例えば「新しいプロジェクトを成功させるためのサプライヤー探索は外部ネットワーク探索行動に該当するのか」といった議論があっ

た。こうした探索も、一見プロアクティブ行動に該当するかのようである。しかし議論の結果、業務遂行を目的とした時、自律的・自発的でなければプロアクティブ行動ではないし、自律的・自発的行動であったとしても革新行動として捉えるべきものであると考え、外部ネットワーク探索行動の範囲ではないと定義づけた。一方、組織内部においては、実際に革新行動やキャリア開発行動、外部ネットワーク探索行動に基づき生み出されたアイデアやプランを洗練させていくことを目的としたフィードバック探索行動であると捉えるべきであると考えた。実際、革新行動にしてもキャリア開発行動にしても外部ネットワーク探索行動にしても、自分だけ、仲間内だけに留まっていては、アイデアは大きくならないし成功確率も高まらない。スピードをもって上司、同僚、他部署と対話しアイデアを磨き上げ洗練させる必要があることは自明であるだろう。またそのための良質な関係性を普段から形成しておくことの重要性についても行動の要素に組み込み、「組織内ネットワーク構築行動」として定義した（図表2−14）。

さて、外部ネットワーク探索行動についてはもう1点議論があった。それは、外部ネットワーク探索行動は外部から得た知見を自分が得るだけでよいのか、という議論である。具体的には「外部から得た知識やノウハウを、有用なものに限定し（ゲートキーパーとしての役割）、部署や組織に有用な形で翻訳し伝える（トランスレーターとしての役割）」という行動まで含めるべきではないかという指摘である。この議論では外部ネット

第2章　プロアクティブ人材とは　67

図表2－14　組織内ネットワーク構築行動と外部ネットワーク探索
　　　　　行動の違い

	組織内ネットワーク構築行動	外部ネットワーク探索行動
フィードバック探索・ネットワーク構築の目的	アイデアやプランの洗練	自身の知見向上
フィードバック探索・ネットワーク構築の範囲	・自部署の上司や同僚 ・他部門・他グループの関係者（組織横断の要素）	社外

出所：株式会社日本総合研究所

ワーク探索行動のハードルが高くなりすぎることが危惧された
一方で、他の行動が組織内の他者に対して働きかける行動とな
っているのに対し、外部ネットワーク探索行動では外部から得
た知見が自己の中だけに閉じる表現となっている点のほうが問
題であると考え、ゲートキーパーとして、またトランスレー
ターとしての行動も追加することとした。

　このように、アカデミアの先行研究におけるプロアクティブ
行動をグルーピング・抽象化しつつ、さまざまな日本企業と
「必要とされるプロアクティブ行動とはどのような行動か」を
テーマに対話を繰り返しプロアクティブ行動の解像度を高めて
きた。結果として、日本企業が求める自律人材がとるべき行動
について、図表2－15にあらためて記載するとおり、ある程度

図表2−15　プロアクティブ行動の定義

革新行動	組織内ネットワーク構築行動	外部ネットワーク探索行動	キャリア開発行動
自身および職場全体の仕事を捉え直してみたり、やり方や手続きなどを変えたりして、自身の仕事を巡る環境を変えようとする行動。**自身で仕事そのものを前向きに変える行動ともいえる。**	職場の上司や同僚をはじめ、**組織内のさまざまな主体と良質な関係性を構築し、自ら関係者を巻き込みながら挑戦的な仕事を進める行動。**	自身の知見向上のために、自身が所属する会社以外の人と積極的にネットワークを構築する行動。ゲートキーパーでありトランスレーターでもある。	自身のキャリアを自身で描き、その実現に必要なスキル・知識を社内外問わずに学習して身につけたり、仕事の幅を自ら広げようとする行動。

出所：株式会社日本総合研究所

汎用的な行動様式を定義するに至った。

(2)　プロアクティブ行動を測定する手法について

　アカデミアの先行研究の共通要素を整理し、またビジネスの現場での対話を通じ取りまとめたプロアクティブ行動の定義を起点として、筆者らは次にその行動の実践度合いを測定するための質問項目および回答尺度を開発した。具体的にはプロアクティブ行動を構成する4つの行動について、それぞれに3つの質問項目を設定し、個人プロアクティブスコアを測定するための計12問の質問項目を取りまとめた。図表2−16がその質問項

図表 2－16　個人プロアクティブスコアを測定する質問項目

行動名称	質問項目
① 革新行動	私は、職場の問題を解決すべく、自分のアイデアを積極的に提案している
	私は、仕事に取り組む際、従来の仕事のやり方にとらわれず、新たなやり方を試している
	私は、提案したり、新たなやり方を試したりする際、課題や困難に直面しても、最後まで粘り強く取り組んでいる
② 外部ネットワーク探索行動	私は、自分の知見向上のために、社外の人とも積極的に関係を構築している
	私は、仕事の枠にとらわれず、自分の知見や視野を広げるために、社外でも学習をしている
	私は、社外の人との交流を通して得た知見やアイデアを社内に還元し、活用を促している
③ 組織内ネットワーク構築行動	私は、新しい挑戦や取組を進める際、関係者を巻き込みながら進めている
	私は、普段から他部門・他グループの人たちとも積極的に関係を構築している
	私は、自分の行動に対して、チーム内でフィードバックを求めている
④ キャリア開発行動	私は、自分の担当範囲以外の仕事にも取り組もうとしている
	私は、仕事で必要な知識やスキルを、仕事の場以外でも習得している
	私は、中長期の視点で自分のキャリアを考えることができている

出所：株式会社日本総合研究所

目である。

　なお各質問項目は、5件法で回答する形となっている（1．全くそう思わない、2．あまりそう思わない、3．どちらでもない、4．そう思う、5．とてもそう思う）。

　この質問項目と回答を用い、プロアクティブ行動の実践度合いをスコア化する。革新行動を例に説明すると、質問項目「私は、職場の問題を解決すべく、自分のアイデアを積極的に提案している」で「4．そう思う」、「私は、仕事に取り組む際、従来の仕事のやり方にとらわれず、新たなやり方を試している」で「2．あまりそう思わない」、「私は、提案したり、新たなやり方を試したりする際、課題や困難に直面しても、最後まで粘り強く取り組んでいる」で「3．どちらでもない」と回答した個人の革新行動のスコアは（4＋2＋3）÷3項目＝3となる。このように革新行動、外部ネットワーク探索行動、組織内ネットワーク構築行動、キャリア開発行動の4つのプロアクティブ行動について、それぞれ3つの質問項目の回答結果を1〜5の指数に置き換え、その単純平均をプロアクティブスコアとして採用しているということである。プロアクティブスコアが3（どちらでもない）より小さければプロアクティブではない傾向が見て取れるといえるし、3（どちらでもない）より大きければプロアクティブな行動が一部でも発揮されている状態であると見ることができる。

　第1節で述べたとおり、筆者らがプロアクティブ行動の研究に取り組んだのは、人材の自律という企業において永遠の課題

第2章　プロアクティブ人材とは　71

となっているテーマで労使の建設的な対話を促すためのコミュニケーション基盤を整備したいという思いからである。そのため、プロアクティブ行動を定性的に定義するのみに留まらず、プロアクティブ行動を定量的に捉えることが必要であると考え、質問項目および回答尺度の開発に取り組んだ。

　質問項目は、まずプロアクティブ行動の定義にあたって採用した先行研究におけるプロアクティブ行動の共通要素や質問項目を参考に設定するところから始めた。全ての質問について詳細にふれることは割愛するが、例えば革新行動の「私は、職場の問題を解決すべく、自分のアイデアを積極的に提案している」という質問項目は、先述したCrant（2000）[12]のIdentifying opportunities to improve things（改善機会の特定）、Grant & Ashford（2008）[13]のProblem solving（問題解決）、Parker et al.（2010）[14]のIssue selling（問題提起）、Cai et al.（2019）のvoice（意見表明）[15]などの要素をふまえていることをお分かりいただけると思う。

　こうしてとりまとめた12の質問項目について、質問意図と回答者の解釈の大幅な相違有無を検討すべくフォーカスインタビューを実施している。年代別、従業員規模別のモニターに協力してもらい、質問項目ごとに「質問項目を見て思い浮かべた行

12　前掲注 7 参照
13　前掲注 9 参照
14　前掲注10参照
15　前掲注11参照

動のイメージ」「選択した回答尺度」「その判断基準となった具体的な行動」について確認していった。その結果として解釈に幅がありすぎた場合は趣旨に叶うように質問項目に調整を行っている。

　最後に、革新行動、外部ネットワーク探索行動、組織内ネットワーク構築行動、キャリア開発行動のそれぞれについて、内的一貫性があるかについて検証を行っている。具体的には、2023年度に日本総研で実施した、企業に勤務する労働者を対象としたアンケート調査（2万400サンプル）[16]の結果を活用し、α 係数（詳細は第3章第2節を参照のこと）により内的一貫性を検証した質問項目として完成させた。

（3）　チームプロアクティブという概念の定義

　ここまで個人のプロアクティブ行動について、筆者らが策定した定義の内容およびその測定方法について概説した。ここでは、個人の集合体であるチームのプロアクティブ行動について説明する。そもそも筆者らがチームのプロアクティブ行動に着目した理由は、プロアクティブ行動が組織の生産性につながる経路を明らかにしたかったためである。

　これまで多くの企業経営者との会話の中で、プロアクティブ行動の重要性には共感いただけるものの、いざプロアクティブ行動を促進するために投資を行うかという意志決定の場面にお

16　本調査結果は、株式会社日本総合研究所のwebサイトで公開している。

第2章　プロアクティブ人材とは　73

いては、本当にプロアクティブ行動が高まれば企業経営にとって効果があるのかという疑問を投げかけられることも少なくはなかった。このような傾向は、昨今人的資本経営や人的資本情報の開示などの流れの中で、上場企業を中心に多くの企業で着目され、アンケートが実施されている「エンゲイジメント」や、人事に関わる方々の間では一種のバズワードになっている「心理的安全性」についても同じことがいえるのではないだろうか。これらに共通するのは、大切な考え方であることは分かるが、投資をするほどの価値があるのか、もしくは投資をしたら、一般論としてではなく、まさに自社においてどのような形で生産性の向上につながるのかという問いである。

　そこで筆者らは、個人のプロアクティブ行動を企業の生産性につながる概念として昇華させるため、個人のプロアクティブ行動だけでなく、チームのプロアクティブ行動に着目することの重要性についても訴求することとした。生産性向上の観点からチームの重要性に言及した研究としては黒田ら (2021)[17]の研究が挙げられる。黒田らは、大手小売業1社のデータを用いて、従業員のワークエンゲイジメントと生産性（売り場の売上高）の関係性を検証した研究において、従業員のワークエンゲイジメントの平均値が高い売り場では、売上高が高くなることを示すと同時に、ワークエンゲイジメントの売り場平均値が高

17　黒田祥子、山本勲、島津明人、ウィルマーB. シャウフェリ (2021)
　　「従業員のポジティブメンタルヘルスと生産性との関係」独立行政法人
　　経済産業研究所

くても、その売り場の従業員間のワークエンゲイジメントのばらつき（分散）が大きい場合には、売上高が低くなることも明らかにしている。つまり、生産性の向上に向けては、個々人のエンゲイジメントの高さが重要であることはもちろんのこと、チームの状態も影響するということである。筆者らは、このチームのばらつき（分散）に着目するという知見はプロアクティブ行動についても生かせるものと考えた。

また、プロアクティブ行動に関する先行研究でチームについて言及しているものとしてはCai et al.（2019）[18]の研究が挙げられる。第2節でも紹介したとおり、Caiらは個人単位で検討されてきたプロアクティブ行動の媒介要因とプロアクティブ行動そのものがチーム単位でも想定されると指摘した上で、①個人のプロアクティブモチベーションがチームに対するプロアクティブモチベーションに寄与する、②個人のプロアクティブ行動がチームのプロアクティブ行動に寄与するという関係性を仮説として示し、チームという小集団を単位とした研究が必要であることに言及している。

筆者らは、黒田らやCaiらの先行研究をふまえ、チームという単位でのプロアクティブ度合いを概念として設定することで、個人のプロアクティブ行動が、チームとしてのプロアクティブ行動を介して組織の生産性へとつながる経路を見出すことができる理論的枠組みを得た。このあたりの具体的な因果モデ

18　前掲注11参照

ルについては、実際のデータもふまえて第3章においてあらた
めて詳述したい。

(4) チームプロアクティブの測定方法

チームのプロアクティブ行動を測定する方法としては、チー
ムメンバーの平均値等をチームとしてのプロアクティブ行動の
活性化度合いとするアプローチと、チームメンバーに自身が所
属するチームにおける、メンバーのプロアクティブ行動の発揮
度合いを主観的に判断してもらうアプローチがある。チームの
メンバーが主観的に判断する質問項目については、個人プロア
クティブスコアの測定尺度をベースに、図表2−17のとおり設
定した。

各質問項目は、個人プロアクティブスコアと同様、5件法で
回答する形となっている（1．全くそう思わない、2．あまりそ
う思わない、3．どちらでもない、4．そう思う、5．とてもそう
思う）。

これらの結果、チームの状態を図表2−18に示した4象限で
捉えることができる。図表は横軸にチームのプロアクティブス
コアの平均値、縦軸にチーム内のプロアクティブスコアの分散
をとる場合の例である。

4象限でチームの状態を把握することで、チームの状態をふ
まえた打ち手を検討することができる。

なお、組織によってすでにさまざまなアンケート調査を行っ
ており、社員がアンケート疲れをしているという理由などか

図表 2 − 17　チームプロアクティブスコアを測定する質問項目

行動名称	質問項目
① 革新行動	私の職場では、職場の問題を解決すべく、自分のアイデアを積極的に提案している
	私の職場では、仕事に取り組む際、従来の仕事のやり方にとらわれず、新たなやり方を試している
	私の職場では、提案したり、新たなやり方を試したりする際、課題や困難に直面しても、最後まで粘り強く取り組んでいる
② 外部ネットワーク探索行動	私の職場では、自分の知見向上のために、社外の人とも積極的に関係を構築している
	私の職場では、仕事の枠にとらわれず、自分の知見や視野を広げるために、社外でも学習をしている
	私の職場では、社外の人との交流を通して得た知見やアイデアを社内に還元し、活用を促している
③ 組織内ネットワーク構築行動	私の職場では、新しい挑戦や取組を進める際、関係者を巻き込みながら進めている
	私の職場では、普段から他部門・他グループの人たちとも積極的に関係を構築している
	私の職場では、自分の行動に対して、チーム内でフィードバックを求めている
④ キャリア開発行動	私の職場では、自分の担当範囲以外の仕事にも取り組もうとしている
	私の職場では、仕事で必要な知識やスキルを、仕事の場以外でも習得している
	私の職場では、中長期の視点で自分のキャリアを考えることができている

出所：株式会社日本総合研究所

第 2 章　プロアクティブ人材とは　77

図表2−18 チームのプロアクティブ状態を捉えるフレームワーク

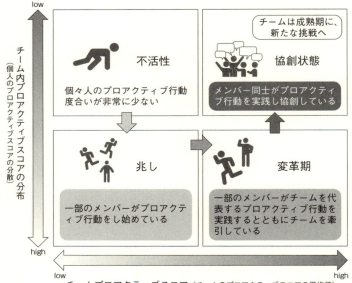

出所：株式会社日本総合研究所

ら、新たに各人に対して個人プロアクティブスコア、チームプロアクティブスコアを測定するためのアンケート調査を実施することが難しいケースもあるだろう。そのような場合は、チームを率いる管理職が、自身のチームの状態を主観的に測定するための質問項目を策定しているので、活用していただきたい（図表2−19）。

この質問項目について、チームの平均的な状態を測定する際には、チームメンバー全員をふまえた平均的な状態を想定し

図表 2 −19 　管理職がチームのプロアクティブ状態を測定する質問
　　　　　 項目

行動名称	質問項目
① 革新行動	私の部下たちは、職場の問題を解決すべく、自分のアイデアを積極的に提案している
	私の部下たちは、仕事に取り組む際、従来の仕事のやり方にとらわれず、新たなやり方を試している
	私の部下たちは、提案したり、新たなやり方を試したりする際、課題や困難に直面しても、最後まで粘り強く取り組んでいる
② 外部ネットワーク探索行動	私の部下たちは、自分の知見向上のために、社外の人とも積極的に関係を構築している
	私の部下たちは、仕事の枠にとらわれず、自分の知見や視野を広げるために、社外でも学習をしている
	私の部下たちは、社外の人との交流を通して得た知見やアイデアを社内に還元し、活用を促している
③ 組織内ネットワーク構築行動	私の部下たちは、新しい挑戦や取組を進める際、関係者を巻き込みながら進めている
	私の部下たちは、普段から他部門・他グループの人たちとも積極的に関係を構築している
	私の部下たちは、自分の行動に対して、チーム内でフィードバックを求めている
④ キャリア開発行動	私の部下たちは、自分の担当範囲以外の仕事にも取り組もうとしている
	私の部下たちは、仕事で必要な知識やスキルを、仕事の場以外でも習得している
	私の部下たちは、中長期の視点で自分のキャリアを考えることができている

出所：株式会社日本総合研究所

第 2 章　プロアクティブ人材とは　79

て、「1．全くそう思わない、2．あまりそう思わない、3．
どちらでもない、4．そう思う、5．とてもそう思う」の5件
法で回答する形となる。そしてチーム内でのばらつき度合いを
測定する際には、図表2－19の質問項目に対して、個々のチー
ムメンバーを思い浮かべながら、チーム全体の状態を想定して
「1．全くばらつきがない、2．あまりばらつきがない、3．
どちらでもない、4．ややばらつきがある、5．かなりばらつ
きがある」の5件法で回答する。

　このようにして測定した数値を、前述の4象限のフレーム
ワークに適応することで、チームの状態を可視化し、チームの
状態に応じた施策を検討することが可能となる。

　本節では、個人プロアクティブスコアおよびチームプロアク
ティブスコアの具体的な測定尺度について紹介した。読者の皆
様におかれては、是非実際に質問に回答していただき、自身、
そして自身が所属する部署がどのような状況にあるのかについ
て可視化していただければと思う。また、部門の責任者にある
方々については、自身が管掌する部署がどのような状況にある
のかを、4象限のフレームワークに沿ってチームの状態に合わ
せた施策の検討につなげていただければ幸いである。

日本における プロアクティブ人材の実態

　本節では、日本におけるプロアクティブ人材の実態について紹介していく。具体的には日本総研が2023年度に民間企業に勤務する2万400人を対象に実施した総合調査の結果に基づき、日本の民間企業に勤務する従業員のプロアクティブ行動の実践度合いについて解説する。また、本節では従業員個人だけでなく、各人が所属するチームのプロアクティブ行動の実態についてもふれ、日本におけるチーム単位のプロアクティブ行動の内実にも迫っていく。

　本節で活用する総合調査の概要は図表2－20のとおりである。総合調査では、個人と個人が所属するチームのプロアクティブ行動の実践度合いを尋ねるだけでなく、プロアクティブ行動に影響する本人の性格や周囲の環境、そしてプロアクティブ行動の実践によって向上が期待されるパフォーマンスについても尋ねている。本節ではこのような総合調査の結果を通じて、日本におけるプロアクティブ人材の特徴についても明らかにしていきたい。

(1) 日本におけるプロアクティブスコアの俯瞰

　本節で紹介する総合調査の結果において、個人と個人が所属するチームのプロアクティブ行動の実践度合いは、個人プロア

第2章　プロアクティブ人材とは　81

図表2－20　2023年度プロアクティブ行動に関する総合調査の概要

【調査概要】

日本の民間企業に勤務する従業員のプロアクティブ行動の実践度合いを把握するためにWebアンケート方式の調査を実施した。個人と所属するチームの2つの観点からプロアクティブ行動の実践度合いを尋ねているのが特徴。

【対象者】

日本の民間企業に勤務する従業員		20,400人
一階層別内訳	一般社員	16,000人
	主任・リーダー相当	1,600人
	係長相当	1,600人
	課長相当	800人
	部長相当	400人

【主な調査項目】

・個人および所属するチームの4種類のプロアクティブ行動の実践度合い

・自身の性格および仕事に対する考え方

・自身の職場・職務・上司など周囲の環境

・個人および所属するチームのパフォーマンスの現況および今後の展望

出所：株式会社日本総合研究所

クティブスコアとチームプロアクティブスコアによって表される。前節にも記載のとおり、プロアクティブ行動を構成する行動の種類は4つであり、プロアクティブスコアを測定するための質問項目は1つの行動につき3問、計12問設定されている。質問項目は、個人のプロアクティブスコアを測定するときは「私は〜」という文頭の質問文を用い、チームのプロアクティブスコアを測定するときは「私の職場では〜」という文頭の質

問文を用いているが、それ以外の内容は全て共通した項目となっている。そのため、個人プロアクティブスコアとチームプロアクティブスコアのいずれも、計12問の質問項目の回答結果に基づき算出される。各質問項目は５件法で回答する形となっており（１．全くそう思わない、２．あまりそう思わない、３．どちらでもない、４．そう思う、５．とてもそう思う）、各質問項目の回答結果を１〜５で指数化している。各回答者の12問の質問項目の指数の平均値が、プロアクティブスコアとなる。

プロアクティブスコアの詳細に入るまえに、２万400人の回答者のプロアクティブスコア全体の傾向を紹介する。プロアクティブスコアを構成する４つの行動ごとの全回答者の平均スコアおよび標準偏差は、図表２−21のとおりである。

個人の革新行動のみが、「３．どちらでもない」を上回る結果となっている。つまり、個人の外部ネットワーク探索行動、組織内ネットワーク構築行動、キャリア開発行動およびチームの革新行動、外部ネットワーク探索行動、組織内ネットワーク構築行動、キャリア開発行動は３を下回る結果となった。図表２−21を概観すると、日本の民間企業に勤務する人たちは、個人としては自身の仕事に関する課題や困難にはしっかりと取り組んだり、新しいやり方を試してみたりする行動に一定程度取り組む一方で、社外に飛び出してネットワークを広げる行動や自身のキャリアを開発しようとする行動については積極的でない姿が浮かび上がる。

また、各行動のスコアの標準偏差は概ね0.7〜0.9となってい

第２章　プロアクティブ人材とは　83

図表2−21　全回答者のプロアクティブスコアおよび標準偏差

		スコア	標準偏差
個人	革新行動	3.04	0.809
	外部ネットワーク探索行動	2.76	0.892
	組織内ネットワーク構築行動	2.92	0.823
	キャリア開発行動	2.84	0.842
	個人プロアクティブスコア	2.89	0.704
チーム	革新行動	2.98	0.816
	外部ネットワーク探索行動	2.72	0.890
	組織内ネットワーク構築行動	2.93	0.835
	キャリア開発行動	2.76	0.844
	チームプロアクティブスコア	2.85	0.716

出所：株式会社日本総合研究所

る。統計的には、平均値から±標準偏差1の範囲に含まれる
データは全体の約68％であることを考えると、回答者の約7割
は平均値から±0.7〜0.9の範囲にスコアが収まっていると考え
られる。図表2−21に示した結果をふまえれば、回答者の約7
割が個人プロアクティブスコア・チームプロアクティブスコア
ともに約2.1〜3.6の範囲に収まっていると見られる。そのた
め、日本の民間企業に勤務する人材のプロアクティブスコアの
分布上の特徴として、3をやや下回る水準で分布する傾向にあ
ると考えられる。

　以降、本節では4つの各行動において設定された計12問の質

問項目の回答結果に基づき算出された個人プロアクティブスコアとチームプロアクティブスコアをさまざまな要素から捉えた結果を紹介していく。

(2) 年齢・役職・職種ごとのプロアクティブスコアの傾向

まず、図表2－22の年齢帯別の個人プロアクティブスコアを見ていく。

特徴的なのは、20～30歳代の個人プロアクティブスコアは相対的に高いものの、40歳代後半～50歳代では相対的に低くなっている点である。実際に、19～44歳、45～59歳、60～69歳の3群間の個人プロアクティブスコアの差を、分散分析[19]を用いて

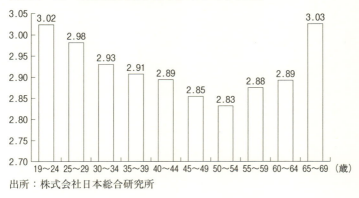

図表2－22　年齢帯別の個人プロアクティブスコア

出所：株式会社日本総合研究所

19　分散分析とは、3群以上のデータ群の平均値の差を比較し、統計的に意味のある差（有意差）があるかどうかを判断する手法。

検定したところ、45〜59歳の個人プロアクティブスコアはそれ以外の群のスコアと比較して有意に低いことが示されている（有意水準1％）。そのため、年齢帯別に見ると、40歳代後半〜50歳代にかけて個人プロアクティブスコアが低くなる傾向は統計的にも確かであるといえる。

この傾向は現在の日本企業の年齢帯別の人材の状況をよく表している。特に企業に入社したばかりの20歳代は、昇進や昇格に向けた厳しい選抜にさらされる機会がまだ少なく、自身の将来のキャリア構築に向けて積極的かつ前向きな行動をとろうとする。しかし、年齢を重ねて30歳代、40歳代となるにつれて昇進や昇格にも差がつき始め、自身のキャリアの終着点も意識するようになるため、半ば諦めの気持ちも出てくることでプロアクティブ行動は徐々に弱まってしまう。こうした傾向は多くの日本企業の課題意識とも一致するのではないだろうか。

ここで、40歳代後半〜50歳代の個人プロアクティブスコアが低くなる背景の1つとして、高位の役職に就けなかった層のモチベーションが低下し、プロアクティブ行動をとらなくなったのではないか、という仮説が出てくる。役職・年齢帯別のプロアクティブスコアを示す図表2−23を見ると、確かに40歳代後半〜50歳代にかけて、非管理職のプロアクティブスコアは他の役職者（課長・部長）と比較して低いことが分かる。長年組織に在籍しても、なかなか管理職になれずにプロアクティブ行動に後ろ向きになったという仮説が当てはまる結果といえる。このことから、プロアクティブ行動を促す環境が存在しないと、

図表2-23 役職・年齢帯別のプロアクティブスコア

		19～24歳	25～29	30～34	35～39	40～44	45～49	50～54	55～59	60～64	65～69	全体平均
	n	295	1,487	1,698	2,194	2,561	3,441	3,303	2,879	2,061	481	20,400
役職	一般社員（入社後3年以内）	3.01	2.99	2.93	2.91	2.89	2.81	2.81	2.82	2.78	2.88	2.90
	一般社員（入社後4年以上）	3.09	2.96	2.89	2.85	2.80	2.79	2.74	2.79	2.86	2.98	2.82
	主任・リーダー相当	2.83	3.38	3.19	3.04	3.05	2.97	2.95	2.98	2.93	3.44	3.02
	係長相当	—	3.28	3.19	3.07	3.11	3.01	2.94	2.98	3.13	3.22	3.03
	課長相当	4.33	3.56	3.60	3.23	3.31	3.16	3.08	3.20	3.09	3.21	3.17
	部長相当	2.83	—	—	2.92	3.71	3.28	3.46	3.39	3.30	3.42	3.38

凡例：
	2.7未満
2.7以上	3.0未満
3.0以上	3.3未満
3.3以上	

出所：株式会社日本総合研究所

プロアクティブスコアは徐々に低下していくものであると考えられる。

　一方で、65歳以上のプロアクティブスコアが高くなっているのも注目すべき点である。一般的には60歳代になると役職定年などに伴って組織内での職責も小さくなり、昇進・昇格の可能性もほとんどなくなり、定年を迎え再雇用契約となる企業も多いため、再びプロアクティブ行動が活発になることは考えにくい。しかし、65歳以上の就業者では、それ以前の現役の就業者と比較して、高収入を得ることや組織内で高位の役職に就くことに対する価値観の重要度が下がり、他者・社会への貢献（ex. 小さな仕事でも他者の役に立つ）や自身の能力の発揮（ex. 能力を生かせる仕事をする）に対する価値観の重要度が上昇するという研究もある[20]。このように、65歳以上のプロアクティブスコアの高さの背景の1つとして、自身の経験を生かして他者に貢献しようとする意識の高まりが存在している可能性がある。

　ここまでは個人のプロアクティブスコアが年齢帯別にどのような状況になっているかを見てきた。それでは、各人が所属するチームのプロアクティブスコアが年齢帯別にどのような状況になっているかも見ていこう。なお、本調査ではチームのプロアクティブ行動の実践度合いの測定にあたっては、「あなたの部署における状況について教えてください」という質問文を用いて尋ねるアプローチを採用している。つまり、この後出てく

---

[20]　リクルートワークス研究所（2021）「変貌する価値観〜定年を境に仕事の価値観は変化するか」

図表2−24　年齢帯別のチームプロアクティブスコア

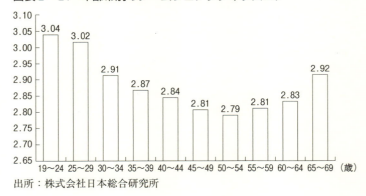

出所：株式会社日本総合研究所

るプロアクティブスコアは、あくまでも各人の視点から捉えた、所属チームのプロアクティブ行動の状況を示したスコアである点に留意されたい。

　図表2−24は年齢帯別のチームのプロアクティブスコアを示している。

　この結果は前述の個人の年齢帯別のプロアクティブスコアと概ね同様の傾向を示している。40歳代後半〜50歳代の回答者の所属チームのプロアクティブ行動も活発でないという傾向が存在しているといえる。ここでも、19〜44歳、45〜59歳、60〜69歳の3群間のチームプロアクティブスコアの差を、分散分析を用いて検定したところ、45〜59歳のチームプロアクティブスコアは、19〜44歳の群とは有意水準1％、60〜69歳の群とは有意水準5％で有意に低いことが示されている。個人プロアクティブスコアと同様に、40歳代後半〜50歳代にかけてチームプロア

第2章　プロアクティブ人材とは　89

図表2−25 役職・年齢帯別のチームプロアクティブスコア

		19~24歳	25~29	30~34	35~39	40~44	45~49	50~54	55~59	60~64	65~69	全体平均
	n	295	1,487	1,698	2,194	2,561	3,441	3,303	2,879	2,061	481	20,400
役職	一般社員（入社後3年以内）	3.03	3.03	2.93	2.88	2.86	2.77	2.76	2.74	2.72	2.78	2.88
	一般社員（入社後4年以上）	3.09	2.99	2.87	2.82	2.77	2.75	2.71	2.75	2.80	2.89	2.79
	主任・リーダー相当	3.75	3.27	3.13	2.94	2.98	2.92	2.91	2.92	2.86	3.14	2.95
	係長相当	—	3.14	3.18	3.02	3.02	2.95	2.86	2.88	3.00	3.13	2.95
	課長相当	2.33	3.53	2.94	3.21	3.04	3.02	3.03	3.05	3.02	2.96	3.04
	部長相当	3.42	—	—	3.17	3.58	3.24	3.33	3.22	3.21	3.19	3.25

	2.7未満
	2.7以上 3.0未満
	3.0以上 3.3未満
	3.3以上

出所：株式会社日本総合研究所

クティブスコアも統計的に低くなるといえる。

　同時に、図表2-25に示しているとおり、役職・年齢帯別に
チームのプロアクティブスコアを見ると、個人の結果と同様の
傾向が示されている。40歳代後半〜50歳代にかけて、非管理職
が捉えるチームのプロアクティブスコアは、他の役職者（課
長・部長）が捉えるチームのスコアと比較して低いことが分か
る。

　ここから推察される1つの事項として、管理職層は自身の
チームはプロアクティブ行動が活発な集団であると捉えている
一方で、非管理職層はそうではないと捉えている点である。管
理職層が自身のチームのプロアクティブ行動の実態を正確に捉
えていないと、必要な介入を実施せずにプロアクティブスコア
が低い状態がそのまま放置されてしまう懸念がある。日本にお
いては、年齢を重ねるとプロアクティブ行動が不活発になると
いう点だけでなく、管理職層が自身のチームはプロアクティブ
行動に積極的であると思い込んでいる点も課題の1つであると
考えられる。

　続いて、プロアクティブスコアを実際に従事している業務内
容、すなわち職種別でも見てみよう。職種別のプロアクティブ
スコアを示したのが図表2-26である。

　図表2-26の結果からも明らかなとおり、企画・マーケティ
ング職、経営企画職などのように、自身で考えたり工夫したり
する余地が大きい職種においてはプロアクティブ行動に積極的
であることが分かる。こうした職種では、そもそも業務を進め

第2章　プロアクティブ人材とは　91

図表2－26　職種別の個人プロアクティブスコア

職種	スコア
IT系技術職	2.91
クリエイティブ職	3.00
経営、経営企画	3.14
商品開発・研究	3.09
企画・マーケティング	3.15
営業推進・営業企画	3.08
調達、購買	3.03
財務・経理、法務	2.90
総務、人事	2.97
営業（法人、個人）	3.00
専門職（士業、コンサルタントなど）	3.04
顧客サービス、サポート	2.84
生産技術、生産管理、品質管理	2.89
建築、土木系技術職	2.95
営業事務、営業アシスタント	2.83
販売職	2.83
医療系専門職	2.92
福祉系専門職	2.95
その他	2.72

出所：株式会社日本総合研究所

て成果を出していく上ではプロアクティブ行動が必要になってくることが多いため、プロアクティブスコアも高まりやすいと考えられる。一方で、営業事務、営業アシスタントや小売業の現場で働く販売職などのように、仕事の中で比較的定められた業務が多い職種においてはプロアクティブスコアが相対的に低いことが分かる。こうした職種では、本人が仕事をする上でプロアクティブ行動をことさら意識する機会が少ないため、プロアクティブ行動を積極的にとる人材が相対的に少ない可能性がある。

　職種によって業務内容は異なってくるため、プロアクティブスコアが異なってくるのは当然である。ここでのポイントは、特定の職種のプロアクティブスコアが低いことを問題視するのではなく、各職種のプロアクティブスコアの全体的な傾向と自社の各職種のプロアクティブスコアの傾向とに大きな差がないかどうかを確認するという点にある。例えば、世間一般の全体的な傾向として、企画・マーケティング職や経営企画職のプロアクティブスコアは高いものの、仮に自社のそれらの職種のスコアが他職種と比較して相対的に低い場合、なんらかの課題が潜んでいると捉えないといけない。本来プロアクティブスコアが高い状態が望ましい職種でスコアが低くなっていないかどうか、という点がポイントなのである。

第2章　プロアクティブ人材とは　93

(3) 従業員規模別・チームの人数別のプロアクティブスコアの傾向

　ここまでは年齢・役職・職種といったプロアクティブ行動に強く影響を及ぼすと考えられる要素とプロアクティブスコアとの関係性を取り上げてきた。それでは、所属する企業の従業員規模やチームの人数によってプロアクティブスコアはどのように変化するのだろうか。ここでは従業員規模別・チームの人数別のプロアクティブスコアの傾向を見てみよう。

　まず、従業員規模別の個人プロアクティブスコアは図表2－27である。

　この結果をふまえると、必ずしも明確な傾向ではないものの、個人プロアクティブスコアは企業規模が拡大するほど高まる傾向が見られる。特に2,500人を超える企業では、それ未満

図表2－27　従業員規模別の個人プロアクティブスコア

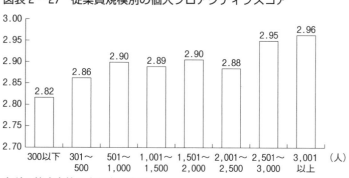

出所：株式会社日本総合研究所

の規模の企業と比較して有意水準1％でプロアクティブスコアが有意に高くなり、この規模になると個人のプロアクティブ行動が活発になっていることが示唆される。

　従業員規模が拡大するほどプロアクティブスコアが高くなる傾向が見られるのはなぜだろうか。一般的に従業員数が多いほど、すなわち企業規模が大きいほど、従業員の学びやキャリア形成をサポートする仕組みが充実する傾向にあり、プロアクティブ行動を実践しやすい組織環境が整っていると考えられる。こうした組織環境がプロアクティブスコアに影響している可能性がある。

　チームプロアクティブスコアについても個人プロアクティブスコアと同様の傾向が見られる。従業員規模別のチームプロアクティブスコアは図表2－28である。

　ここでも2,500人を超える企業では、それ未満の規模の企業

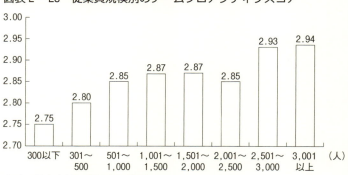

図表2－28　従業員規模別のチームプロアクティブスコア

出所：株式会社日本総合研究所

と比較して有意水準1%でプロアクティブスコアが有意に高くなることを確認しており、この規模になるとチーム単位のプロアクティブ行動も活発になっていることが示唆される。従業員規模が大きくなるほど、組織同士が連携し合いながら仕事を進める機会も多くなるため、そうした状況が組織内ネットワーク構築行動などプロアクティブ行動の活発化に影響している可能性がある。

　所属する企業の従業員規模という要素によって、プロアクティブスコアが変化する可能性があるのは前述のとおりである。それでは、所属するチームの規模によってプロアクティブスコアはどのように変化するのだろうか。所属するチームの人数別の個人プロアクティブスコアとチームプロアクティブスコアは、それぞれ図表2−29、図表2−30のとおりである。

　個人プロアクティブスコアとチームプロアクティブスコアのいずれも、チームの人数が6〜10人まではプロアクティブスコ

図表2−29　所属するチームの人数別の個人プロアクティブスコア

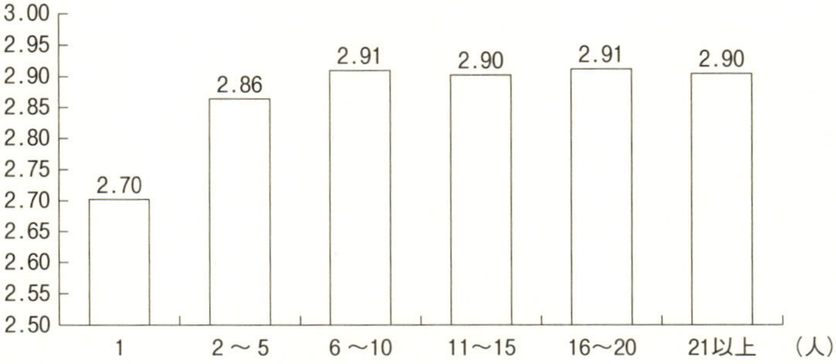

出所：株式会社日本総合研究所

図表2−30　所属するチームの人数別のチームプロアクティブスコア

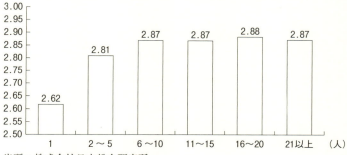

出所：株式会社日本総合研究所

アの増加傾向が認められるものの、それ以上になるとプロアクティブスコアはほぼ横ばいとなる。チームの人数が1人、2〜5人、6〜10人、11人以上の4群でプロアクティブスコアを比較すると、前者の3群間では有意水準1％で差があることが示されているものの、後者の2群間では有意差が認められなかった。これは個人プロアクティブスコア、チームプロアクティブスコアの双方で同様の結果であった。すなわち、チームの人数が増加するとプロアクティブ行動が活発になる傾向は、チームの人数が10人を超えると一旦止まるということだ。

　これらの結果を総合すると、企業の従業員規模が大きいほどプロアクティブ行動は活発になることが示唆されているが、一方でチームの規模が大きいほどプロアクティブ行動が活発になるわけではないといえる。チームの人数が10人くらいまでであれば、周囲の人もうまく巻き込んで仕事をしたり、周囲の人からフィードバックを得ながら仕事を進められたりするなど、プ

ロアクティブ行動が活発になる周囲の環境が想像される。しかし、そうした周囲の環境は、チームの人数がさらに増えたとしても悪くなることはないにせよ、さらによくなるというわけでもなさそうである。このように、所属する企業の従業員規模やチームの人数といった、個人を取り巻く組織規模によってもプロアクティブスコアは変動し得るのである。

(4) プロアクティブスコアと転職回数の関係性

　プロアクティブスコアがさまざまな要素によって特徴的な傾向を示すのはこれまで見てきたとおりである。最後に、プロアクティブ人材と転職の実態についても紹介する。個人のプロアクティブスコアが高い人材であるほど、組織のパフォーマンスにも正の影響を及ぼす可能性はすでに本節までに紹介した先行研究でも示唆されているとおりである。組織にとっては人材のプロアクティブスコアを高めていくことが重要となるが、その一方で必ず生じる疑問点として、プロアクティブスコアが高くなると自社から離れてしまうのではないか、という点がある。企業が投資をして社員のプロアクティブスコアを高めていった結果、社員が自律的に次のキャリアに向かっていくようであれば、企業としても社員のプロアクティブ行動を促進する取組には及び腰になる。

　しかし、企業がそうした心配をする必要はない。図表2−31で転職回数とプロアクティブスコアの関係性を示しているが、プロアクティブスコアが高いからといって転職回数が増えるわ

図表2-31 プロアクティブスコアごとの転職回数の構成比率

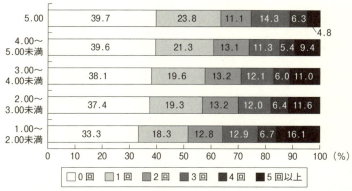

注：構成比は小数点以下第2位を四捨五入しているため、合計しても必ずしも100とはならない。
出所：株式会社日本総合研究所

けではないことが明らかになっている。むしろ、プロアクティブスコアが低いほうが、転職回数が多い傾向にある。プロアクティブスコアが高まることによって、社員がより自身のキャリアに対しても前向きかつ積極的な行動を起こすと考えられるが、それは新天地を求めて社外に出ていくという行動に必ずしもつながるわけではないのだ。企業がプロアクティブスコアを高められるような職場環境や職務内容を提供できているようであれば、社員のプロアクティブ行動は強化され、組織のパフォーマンス向上にも寄与することが期待される。一方で、社員のプロアクティブスコアを高められない職場の場合、あまり前向きな思いを持つこともできず、社外に出ていく行動を誘発してしまうおそれがある。

図表 2-32 プロアクティブスコアごとの転職意向の構成比率

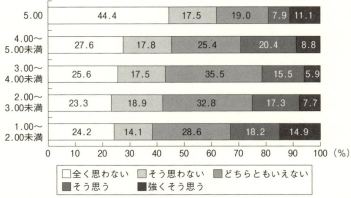

注：構成比は小数点以下第2位を四捨五入しているため、合計しても必ずしも100とはならない。
出所：株式会社日本総合研究所

　さらに、プロアクティブスコアごとの転職意向の傾向を見ても、プロアクティブスコアが高いほど転職意向があるという結果とはなっていない。むしろ社員がプロアクティブ行動を活発に実践できるような組織であれば、社員もできる限りその組織に所属したいと考えている姿が浮かび上がってくる。こうした結果からも、企業がプロアクティブスコアを高める取組が人材の離反を招くという考えは杞憂であるといえる（図表2-32）。

(5) 日本におけるプロアクティブ人材を巡る課題

　ここまで日本におけるプロアクティブ人材の実態を、総合調査の結果を通じて見てきた。そこから明らかになってきた日本

のプロアクティブ人材の最大の課題は、まず全体としてのプロアクティブスコアの低さである。この事実は、現代の日本においてプロアクティブ行動をとることのできるプロアクティブ人材が希少であることの証左となる。

　また40〜50代の非管理職におけるプロアクティブスコアの低さについても放置すべきではない。多くの日本企業において、組織運営の要となるべき年代であり、同時に年収水準も高いことが多いこの年齢階層のプロアクティブスコアが低調な状態を放置したままにしておくと、チームのパフォーマンス低下や人材の離反などが生じる懸念があり、個人・チームの双方にとってもよくない。多くの企業において、この課題が「働かないおじさん・おばさん問題」として揶揄されていることは周知の事実だろう。

　加えて、プロアクティブ人材の転職可能性が低く、投資が無駄にならないという事実を鑑みれば、企業の持続的な成長のためにプロアクティブ人材を育成・強化する施策に重点的に投資することは、企業の人材戦略にとって重要な位置を占めることになる。

　さて、企業がプロアクティブ人材の育成・強化に取り組むためには、これまでの人材マネジメントとは一線を画するアプローチが必要となる。こうしたプロアクティブ人材を巡る課題をどのように解決していくべきか、この点に関する具体的な方策については続く第3章で解説していく。

第2章　プロアクティブ人材とは　101

第 **3** 章

プロアクティブ人材を
どう育てるか

プロアクティブ行動の活性化に向けた人材マネジメントの仕組み

　第2章ではアカデミアで積み重ねられた先行研究をふまえつつ、日本のビジネス環境において利用可能な形でアップデートしたプロアクティブ行動およびその測定尺度について紹介した。さらに、この測定尺度を用い2万400人を対象に実施した大規模なアンケート調査の結果の紹介を通じ、プロアクティブ行動をとる人材（プロアクティブ人材）の特徴についてもふれてきた。

　本章では、個人やチームのプロアクティブ行動を企業内部においてどう活性化するかについて解説していく。

　第1節では、人材マネジメントとは何か、そして昨今の人材マネジメントの潮流とはどのようなものかについてふれた上で、プロアクティブ行動を活性化するためのあるべき人材マネジメントの仕組みについて解説する。

　第2節では、こうした人材マネジメントの仕組みを前提に、実際に個人およびチームに働きかけるにあたってのポイントを解説する。

　第3節では、人材マネジメントの中核を担う管理職のプロアクティブ行動に対する認知とマネジメント行動の関係に関する調査結果をふまえ、プロアクティブ行動の活性化を目的とした

管理職のマネジメント力強化に向けたポイントについて解説する。プロアクティブ行動に対する管理職の認知とマネジメント行動の関係とは、部下・チームのプロアクティブ行動が働きかけによって変わる／変わらないという管理職の考え方によって、管理職が採用するマネジメント行動が変化するということである。第3節で紹介する内容は、管理職にとって自らのマネジメント行動の"無意識の偏見"を知り新たな引き出しを探索するきっかけとして、また経営・人事部門にとっては管理職へのより効果的な働きかけを考える上で有用な情報となり得る。

(1) 人材マネジメントとは

そもそも人材マネジメントとは何を指すのか。一般的には、従業員の採用、育成、評価、報酬、配置、そして退職までのプロセスを対象とした、経営、特にCHROや人事部門による人材価値の最大化を目的とした管理手法を指すことが多い。以降、それぞれのプロセスの概要について、昨今の主な論点もふまえ解説する。

まず採用は、より多くの候補者にエントリーしてもらえる仕掛けを作り、自社が必要とする人材を選び出すプロセスである。少子化の影響や雇用の流動化の影響もあり、従来のように「応募を待つ」のみならず、将来的な採用候補となる人材と接点を持っておく仕組み（タレントプールなどと呼称される）を検討する企業も珍しくない。また、人材流動化時代にあっても人材の定着化を図りたいという企業のニーズを背景として、知

第3章 プロアクティブ人材をどう育てるか 105

識・スキルはもちろんのこと求心力となり得る企業の文化や価値観といった要素との合致度合いも重要な選抜要素として選考を行う傾向も見られつつある。

　育成は社員の知識・スキルを向上させるプロセスであり、企業内外の研修や教育プログラム、OJTなどを通じて行われる。いわゆる階層別研修のみならず、社内ベンチャー制度と一体的に運用される事業創造人材プログラムや、デジタル人材育成プログラム、経営人材にふさわしい見識を涵養するために修身や古典から学ぶようなプログラムまで準備されているケースもあるなど、研修内容やその手法は多様化している。また育成に関する仕組みについても、自律的な学びを促すためのラーニングマネジメントシステムのようなシステム面での支援から、キャリア自律を促すための仕掛けといった施策までその範囲は多岐にわたっている。現在特に活発に議論され、またアップデートされている領域であるといえるのではないか。

　評価と報酬に関しては、組織や業績への貢献等を起点に公正かつ透明性のある形で評価を行い、それを報酬として反映させるという大原則をベースに多くの企業で導入されているため説明は不要であろう。伝統的な枠組みは保ちつつ、OKR（Objectives and Key Results）や、通常の形で評価ランクはつけず上司と部下が頻繁に面談をしてフィードバックを行うノーレイティングなど、挑戦や成長を促進するための新しい仕掛けも登場している。

　配置は採用や昇降格・育成と有機的に連携しつつ人事異動や

配属に関して計画・実施するプロセスである。配置について
は、今、「適所適材」の実現が非常に重要視されている。これ
は経営戦略に基づき必要とされる職種および役職（いわゆるポス
ト）が決定され、そのポストを充足する人材をどのように確
保するかを検討する、という考え方である。誤解を恐れずにい
えば、従来は人材ありきで、その人が昇格するという状況が先
に決まり、その後で必要に応じてポストが作られるということ
もあった。適所適材の考え方では、ポストの空きが先にあり、
そのポストに適格な人材がいて初めてそのポストが充足する、
という発想の違いがある。適所適材の考え方はまだまだ日本企
業の伝統的な組織風土やその風土を体現している人事制度にな
じむには時間を要する。しかしながら少なくとも昇格させる必
要があるという事実が先にあり、その人に適性はないが空いた
ポストがある、もしくはその人のためにわざわざポストを作
り、そのポストに異動させ頑張らせる、というような事象は少
なくなってきている印象を受ける。

　最後に、退職に至るプロセスも人材マネジメントに含まれ
る。退職するにしても双方の納得感を担保するための仕掛けを
考案し、リテンション（離職防止）施策を講じることで、知識
とスキルの流出を最小限に抑えることが求められる。近年で
は、企業を退職した元社員との関係を維持・強化し、再雇用
（ジョブリターンなどともいわれる）のきっかけとしたり、ビジ
ネス機会の創出、知識と情報のシェアに活用したりするための
仕組みとしてアルムナイネットワークを構築する企業も増えて

第 3 章　プロアクティブ人材をどう育てるか　107

いる。

(2)　進化する人材マネジメント

　このような人材マネジメントの仕組みそのものに近年変化が
起きている。

　1点目は、意思決定の起点となる人的資本情報そのものの多
様化である。人的資本情報とは何かを語る前にまず人的資本の
定義について補足したい。人的資本については、「KSAOsの中
から、経済的成果には直結しないもの（中略）を除いた集合」[1]
という定義が有名である。KSAOsとは「knowledge（特定のタ
スクを遂行するために必要な情報であり、どのスキルが形成される
かの基礎をなすもの）、skills（特定のタスクを遂行するための個人
レベルの能力であり経験によって改善されうるもの）、ability（種々
のタスクに応用可能な、継続的な特性を持つ要素）、そしてother
characteristics（さまざまなタスクの遂行に影響するパーソナリテ
ィ特性や関連する特性的な要因）の頭文字を取ったもの」[2]であ
る。つまり、さまざまな職種や職務に通用する能力や特性、そ
して特定の職種や職務に通用する知識や特性と捉えることがで
きる。このKSAOsから、その企業において必要とされない能
力を除いたものが人的資本であり、人的資本を構成する情報が
人的資本情報なのである。

1　服部泰弘『組織行動論の考え方・使い方：良質のエビデンスを手にす
　るために［第2版］』（有斐閣2023年）p.183。
2　前掲注1参照。

さて、典型的な人的資本情報といえば、年に１〜２回程度の人事評価で蓄積されていた知識・スキルが挙げられる。しかも、論理的思考力や批判的思考力などのコンセプチュアルスキル（概念化能力）やコミュニケーション力やプレゼンテーション力といったヒューマンスキル（対人関係能力）など、職種を限定しない知識・スキルに留まっているケースが一般的であった。

　しかし近年、人的資本経営の隆盛やHRテクノロジーの普及に伴い、新たに志向や考え方といった個人の内面に関する情報まで、人的資本情報として蓄積されるようになってきた。また知識やスキルについても、職種に特化した知識やスキルをきちんと可視化し育成しようとする動きも珍しくはなくなってきている。とりわけDX人材や建設技能者、機械・金属・電気・電子・設備などの生産技術者（いわゆる生産技術エンジニア）といったような、育成に時間を要するスペシャリストを中心にこうした動きが活発化している印象であるが、徐々に他の職種にも広がってきているようにも感じている。従来は汎用的な知識・スキルのみで構成されていた人的資本情報は、志向や考え方といった個人の内面に関する情報まで拡張され、職種情報などとも紐づくことで、その情報量は従来に比して膨大なものとなってきているのである（図表３−１）。

　２点目は、人的資本情報の更新の頻度である。人的資本情報の更新は年に１回の調査・情報収集であることも珍しくない。人事評価等を起点とした知識・スキルの評価や従業員満足度調

第３章　プロアクティブ人材をどう育てるか　109

図表 3 − 1 　近年の人的資本情報の拡張

出所：Robert E. Ployhart「Human Capital Is Dead: Long Live Human Capital Resources」（Journal of Management 2014 p.376)、服部泰宏『組織行動論の考え方・使い方 [第 2 版]』（有斐閣2023年）p.246等に基づき筆者ら作成

査によるエンゲイジメント、モチベーションなどの状況把握などが典型的である。社員意識調査では、年に1回の実施で会社全体の雰囲気や従業員の意見を把握し、このデータを基にして、経営や人事部門が組織の中長期的な戦略・施策を検討するといった形で活用されるのが一般的であろう。

　一方、近年ではより頻繁に人的資本情報を入手しマネジメントに生かすケースも出つつある。このような短期間での調査の代表例として「パルスサーベイ」がある。パルスサーベイとは、従業員に対して簡易的な質問を、月次や四半期といった形で短期間に繰り返し実施する「意識調査方法」の1つであり、フィードバックに活用したり、個々人の行動変容を促したりするのに非常に効果的であるとされる。例えば、毎月のパルスサーベイを通じて、従業員の不満や仕事の満足度を確認し、指標が低下している場合には、上司や人事担当者が迅速にモチベーションや従業員を取り巻く環境などの状況の変化等を確認することで、退職などの取返しのつかない状態に陥ることを回避することができる。特に、スキルや知識が蓄積的であるのに対し、志向や行動は動的であるため、この前まで元気だった人材が急に元気がなくなったなどの変化は、年に1、2回の調査では把握するのが難しい。1点目で述べた人的資本情報の拡張に合わせ、予防的に人材管理を行う上では非常に有用な調査手法であるといえる。このようにパルスサーベイをはじめとした高い頻度で実施する調査は今後より重要になってくることが予想される。

第3章　プロアクティブ人材をどう育てるか　111

3点目は、実施主体の明確化である。伝統的にはこうした人的資本情報は経営および人事部門が中心となり利用し意思決定に用いられることが多かった。では、管理職は人的資本情報をどのように利用してきたのか。管理職も人事評価の過程でその知識やスキル・コンピテンシーについて評価する主体となるため当然人的資本情報についてはふれる機会はあり、また部下指導や後進育成という役割を昔から担っていたことは間違いない。しかしながら、人的資本情報を起点にどう部下を自部門に慣れさせ、職務に配置し、育成しながらリテンションするか、という"人材マネジメント"を実践していたかといえば必ずしもそうではないのではないだろうか。つまり、人的資本情報を起点とはしておらず、管理職のセンスを起点としたマネジメントであったこと、また採用から退職に至るプロセスにどこまで配慮するかは、管理職個々人の裁量に委ねられていたことが過去の管理職による属人的な"人材管理"の特徴だったといえるだろう。

　しかしながら、勤務場所、勤務時間も含め多様な働き方が進み、社内の一人ひとりに目が行き届きづらい時代になってきている。加えて、職場のダイバーシティが加速度的に進み、これまでの経験を生かしづらく予測できないことが起こる状況になってきている。管理職にも、人的資本情報とそれらを読み解き活用するリテラシーがいよいよ必要となる時代が来ているのである。このような背景もあり、近年では高頻度で解像度高くチームの（企業によっては従業員個々人の）情報が会社から提供

されることにより、管理職にとって、より合理的な意思決定が可能な環境が整いつつある。一方で、人的資本情報を読み解くリテラシーや人材マネジメントのための方法論という意味では、いまだ伝統的なマネジメント手法にふれるだけの知識インプット型の研修に留まることも珍しくなく、まだまだ発展の余地のある段階であるといえるだろう。いずれにせよ、人材マネジメントは経営と人事部門によるものだけではなく、管理職も含めた連携の中で実践されるべき時代に差し掛かっているといえる。

　経営・人事部門が、従来どおり人的資本情報に基づき俯瞰的・全体最適的な施策を立案・実施することが重要であることはいうまでもない。しかし今後は、個に迫るマネジメントを行う管理職との対話と連携が、経営・人事部門にとってより重要になる。上述したとおり、管理職にかかる人材マネジメントに関する負荷はかつてなく大きいものになっていく。したがって、経営・人事部門はこうした管理職を十分に支えるという役割を担わなければならない。具体的には、人的資本情報を活用し、管理職に対してさまざまな提案や支援を積極的に行っていくことになる。少なくとも「こういう時代だから、管理職はこれまで以上に密な人材マネジメントに取り組んでほしい」というメッセージだけでは、画餅に終わることは間違いない。人事施策の立案者が、管理職の個々人の実践する内容や考えに耳を傾け、その上で会社としての支援をするという真摯な姿勢に立たなければ、これからの人材マネジメントは機能しづらい

第3章　プロアクティブ人材をどう育てるか　113

図表3-2　近年の人材マネジメントの変化

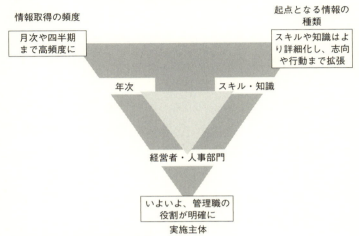

出所：株式会社日本総合研究所

だろう。

　人的資本情報は人材個々人の解像度を高めるとともに、その動的な側面まで可視化する方向に発展している。この人的資本情報を起点として、管理職は部下それぞれの動的に変化する状況に対し、科学的なマネジメントを実践することが求められている。経営・人事部門は管理職との対話を密にし、管理職に武器を持たせたり適切な支援策を不断に発信したりすることが求められる。これが今後の人材マネジメントの要点であるといえるだろう（図表3-2）。

(3) プロアクティブ行動の活性化に向けた人材マ
ネジメントのイメージ

　プロアクティブ行動の活性化は、人材マネジメントのプロセスでいえば、育成と配置に関連して語られることが多い。しかしそれだけでなく、採用・オンボーティングの視点として扱うケースもあるし、評価制度の内容によっては評価や報酬と連動することもあり得る。また、プロアクティブ行動の活性化への取組を通じ、リテンション施策にフィードバックする、といった活用方法も考えられる。このようにプロアクティブ行動の活性化は、人材マネジメント全般に関わるテーマであるといえる。

　さてここからは、ここまで見てきた新たな人材マネジメントの要点をふまえ、プロアクティブ行動の活性化に向けた人材マネジメントの仕組みのあるべき姿について紹介していく（図表3－3）。

　まず、本人の回答によりプロアクティブスコアを測定することが起点となる。プロアクティブスコアの測定はパルスサーベイのように月次、少なくとも四半期ごとには把握することが望ましい。プロアクティブ行動はいうまでもなく、具体的な行動をイメージし回答したり、また管理職がフィードバックしたりすべきものであるが、精度の高い回答、そして納得感のあるフィードバックを行うためには、ある程度の頻度で行うことが重要である。

図表3－3 プロアクティブ行動の活性化に向けた人材マネジメントの全体像

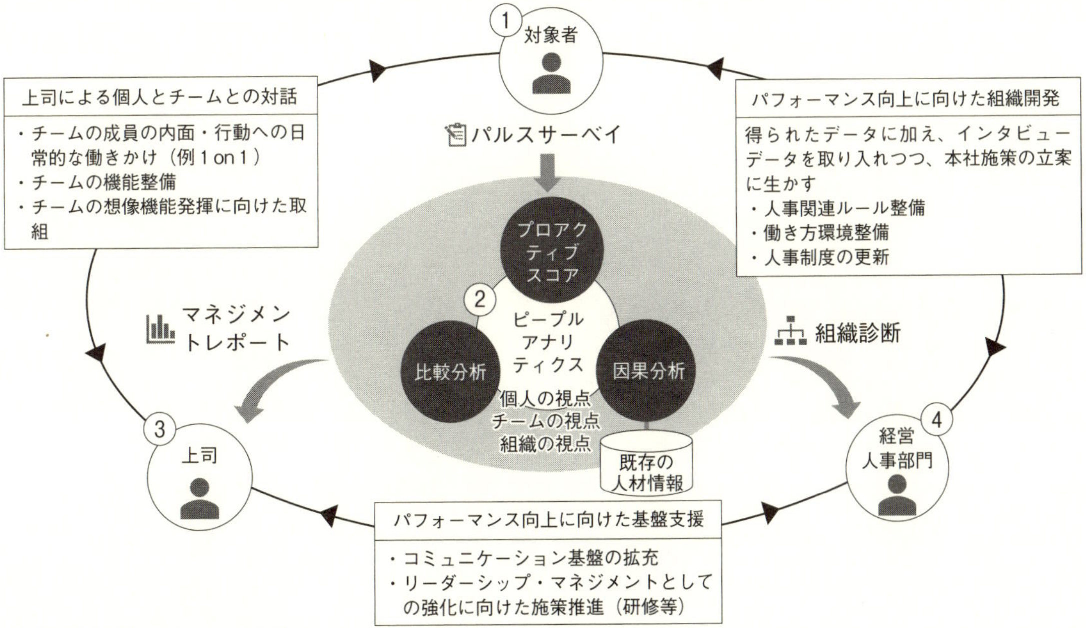

パフォーマンス向上に向けた組織開発

得られたデータに加え、インタビューデータを取り入れつつ、本社施策の立案
に生かす
・人事関連ルール整備
・働き方環境整備
・人事制度の更新

組織診断

④ 経営部門 人事部門

① 対象者

個 パルスサーベイ

プロアクティブスコア

ピープルアナリティクス
個人の視点
チームの視点
組織の視点

因果分析

比較分析

②

既存の人材情報

パフォーマンス向上に向けた基盤支援
・コミュニケーション基盤の拡充
・リーダーシップ・マネジメントとして
の強化に向けた施策推進（研修等）

マネジメントレポート

③ 上司

上司による個人とチームとの対話
・チームの成員の内面・行動・行動への日
常的な働きかけ（例1 on 1）
・チームの機能整備
・チームの想像機能発揮に向けた取組

出所：株式会社日本総合研究所

次に、このプロアクティブスコアに対し、前述したとおり多様な人的資本情報を組み合わせ「どうすればプロアクティブ行動を高めることができるのか」というヒントを管理職に提示する。このヒントについては因果分析や比較分析を通じ提供される。例えば、比較分析を通じて「自部門はプロアクティブ行動のうち、革新行動（自身および職場全体の仕事を捉え直してみたり、やり方や手続きなどを変えたりして、自身の仕事を巡る環境を変えようとする行動）が低い」ということを把握したり、因果分析を通じて「革新行動を高めるには、自己効力感を高めることが有効である」といったヒントを得るイメージである。こうした働きかけの要素を起点として管理職は部下の実際の行動内容を念頭に置きながら、対話を通じ働きかけることになる。なお、分析の具体的なイメージについては、第２節で分析結果や分析結果から得られる示唆について例示していく。

　一方で、経営・人事部門はこれらの情報を俯瞰的に見つつ全社最適的かつ生産性の高い意思決定を行うことになる。例えば、全体のプロアクティブスコアを下げている要因として40代の外部ネットワーク探索行動が非常に低いことが起点にあることが分かり、またこの問題に対する有効な因子としてワークエンゲイジメントと職務特性が挙げられたとした場合、これらの年代に対する新たな職務へのチャレンジとチャレンジを支える伴走の仕組みを導入する、といったアクションが例示できる。

　また、個に迫るマネジメントを実践する管理職と、全体最適的・効率的にプロアクティブ行動を向上させる取組を企画実践

する経営・人事部門間とのコミュニケーションも非常に重要である。なぜなら、経営・人事部門が考える施策の実効性を高めるのは管理職であり、また管理職の生の声に基づきながら経営・人事部門が施策を検討することは施策そのものの有効性を高めることにつながるという、相補関係があるからである。この際、プロアクティブスコアおよびこれを起点とした各種分析が管理職と経営・人事部門の間でコミュニケーション基盤として重要な役割を果たす。例えば、物差しがあっていない状態で、管理職が目の前の現象だけを見て、経営・人事部門が打ち出す施策に異を唱えても受け入れられないというのは共感いただけるだろう。また目的が曖昧な施策は管理職にとって肚落ちせず結果として現場に浸透しないという状況も同じくイメージしやすいのでないか。つまり、施策を検討・展開する際に、プロアクティブスコアをはじめとしたデータを共通の物差しとして、その施策が有効であるかについて経営・人事部門と管理職が対話することで、施策の有効性・実効性を高められる点も、この仕組みの特徴である。

　ここまで、プロアクティブ行動を活性化するためのあるべき人材マネジメントの仕組みについて概観してきた。この仕組みは、プロアクティブスコア、そして多様な人的資本情報を組み合わせつつ統合的・統計的な分析を活用し意思決定・コミュニケーションを支援するシステムを中核にし、経営・人事部門と管理職、そして本人が三位一体となり組織全体でスパイラルアップしていく点が特徴的であるといえる。自律・挑戦×行動変

容という非常に難易度の高いテーマを対象とするからこそ、こ
こまで緊密な仕組みが必要となる点についても補足し、本節を
締めくくりたい。

プロアクティブ行動に関する因果モデル
──プロアクティブ人材を育成し組織パフォーマンス向上につなげるポイント

　本節では、第2章第4節で紹介した、日本総研が2023年度に民間企業に勤務する2万400人を対象に実施した総合調査の結果、得られたデータから分析した、プロアクティブ人材を育成するポイントについて概説する。

　先に本節の結論を先取りしておくと、個人のプロアクティブ行動は、個人の性格・認知、上司との相性ではなく、管理職のマネジメントによって変えられる因子の影響が強いことが明らかになった。プロアクティブ人材は育成できるという事実はとても重要である。また個人のプロアクティブ行動は、チームがプロアクティブな状態になることに寄与し、チーム全体がプロアクティブになることを通じて、組織のパフォーマンスの見通しが向上するという経路を明らかにした。

(1) プロアクティブ行動の先行要因およびパフォーマンス展望との関係を明らかにするための分析手法および分析結果の概要

　筆者らは、どうすればプロアクティブ行動を喚起できるのか、また喚起されたプロアクティブ行動をどのように業績につなげられるのかという2点を明らかにすべく、2万400人を対

象に実施した総合調査のデータを活用し、統計的な検証を行った。なおデータ分析には統計解析ソフトR（バージョン4.3.2）を使用した。

　具体的には、プロアクティブ行動に影響を及ぼす先行要因および、プロアクティブ行動とパフォーマンス展望の関係について、構造方程式モデリング（SEM：Structural Equation Modeling）を行った。構造方程式モデリング（SEM）とは、仮説として設定した変数間の因果関係を線形結合の形にモデリングして分析する手法であり、重回帰分析や因子分析、パス解析などの機能を併せ持った多変量解析の1つである。プロアクティブ行動は、個人のプロアクティブ行動とチームのプロアクティブ行動に分けて、潜在変数としてモデル化した。潜在変数とは、直接観測できない構成概念を表す変数であり、観測可能な他の変数から推定される変数である。ここでは、第2章で紹介した個人のプロアクティブ行動を測定する12の質問項目を個人のプロアクティブ行動の観測変数、チームのプロアクティブ行動を測定する12の質問項目をチームのプロアクティブ行動の観測変数とした。また、プロアクティブ行動に影響する先行要因の候補としては、第2章第2節で紹介した先行研究や服部（2023）[3]等をふまえて、図表3－4のとおり整理した。

　プロアクティブ行動の成果指標（アウトカム）としては、個人のパフォーマンス展望、チームのパフォーマンス展望、組織

3　前掲注1参照。

第3章　プロアクティブ人材をどう育てるか　121

図表 3 － 4 　プロアクティブ行動に影響する先行要因の候補

	先行要因	説明
①	自己効力感	ある特定のタスクを与えられたコンテクストの中で成功裏に遂行するために必要なモチベーション、認知資源、そして一連の行為を司る、自身の能力についての個人の信念あるいは自信を指す
②	ワークエンゲイジメント	仕事に関するポジティブで充実した心理状態であり、活力、熱意、没頭によって特徴付けられる。仕事に向けられた、持続的かつ全体的な感情と認知である
③	本人の性格・パーソナリティ	本人のパーソナリティを外向性、協調性、誠実性、神経症傾向、開放性の 5 つの次元で捉えようとするもの
④	心理的安全性	心理的安全性とは、対人関係においてリスクある行動をとったときの結果に対する個人の認知の仕方を意味する。心理的安全性が高いチームでは、メンバーが、間違いや失敗を恐れることなく、自分の意見を自由に表現できる
⑤	組織コミットメント	組織と従業員の関係を特徴付け、組織におけるメンバーシップを継続もしくは中止する決定に関わる心理状態
⑥	職務特性	職務の特性について、技能多様性、タスク完結性、タスク重要性、自律性、フィードバックの 5 つの次元で捉えようとするもの
⑦	上司のリーダーシップ行動	変革型リーダーシップと交換型リーダーシップの両方を含んだリーダーシップ概念（フルレンジ・リーダーシップ）であり、ビジョン、育成、サポート、エンパワメント、革新思考、具体例による管理、カリスマの 7 次元からなるリーダーシップ行動

⑧	上司と部下の二者関係	上司と部下の関係について、情緒的、忠誠、貢献、専門的敬意の4次元で捉えようとするもの
⑨	集団凝集性	集団のメンバー間が引き合う魅力を維持する社会的な力であり、集団を分裂させる力に抵抗する力
⑩	職場環境	経営理念、経営計画の浸透、業務負荷の適正さ、責任・権限の適切さ、評価・処遇制度の公平性、教育の機会、物理的快適性など、全体的な傾向を捉えようとするもの

出所：服部泰弘『組織行動論の考え方・使い方［第2版］』（有斐閣2023年）および各種公開情報に基づき筆者ら作成

のパフォーマンス展望を置いた。各成果指標の具体的な質問項目は図表3－5のとおりであり、各質問項目は「1．全くそう思わない、2．あまりそう思わない、3．どちらでもない、4．そう思う、5．とてもそう思う」の5件法で回答する形とした。

　なお、本調査において、今後のパフォーマンス展望だけではなく、実際の直近数年のパフォーマンスを問う質問も行っている。プロアクティブ行動と直近のパフォーマンスにも正の相関が見られたものの、WEB調査の特性上、プロアクティブ行動とここ数年のパフォーマンスについて、時間的な因果関係を推定することは難しいため、今回のモデルからは外すこととした。この点については、具体的な企業実証の中で、プロアクティブ行動を高める施策実施の前後でアンケートをとることで、解消しようと取り組んでいる課題である。

　上記をふまえ、構造方程式モデリング（SEM）を行った結

第3章　プロアクティブ人材をどう育てるか　123

図表3－5　プロアクティブ行動の成果指標（アウトカム）

成果指標		質問項目
①	個人のパフォーマンス展望	あなた自身の「今後のパフォーマンス」の展望についてご回答ください
		1）　知識や能力が高まるだろう（認知能力）
		2）　社内外の関係者と良好な人間関係が形成できるだろう（対人関係）
		3）　前向きに、かつ勤勉に職務に取り組むことができるだろう（職務遂行姿勢）
		4）　職務を通じて成果を上げることができるだろう（職務遂行能力）
②	チームのパフォーマンス展望	あなたの所属するチームにおける「今後のパフォーマンス」の展望についてご回答ください
		1）　チームは会社からの期待に応えられているだろう
		2）　定められた目標を達成しているだろう
		3）　新たな課題に対し前向きに取り組んでいるだろう
		4）　顧客や取引先・他部門からの評判がよいチームとなっているだろう
③	組織のパフォーマンス展望	あなたの所属する組織における「今後のパフォーマンス」の展望についてご回答ください
		1）　自分の報酬が上がることが想定できる
		2）　自分の会社の将来は明るいと感じている
		3）　この会社の雇用は今後も安定して推移するだろう
		4）　この会社の業績は今後も順調である

出所：株式会社日本総合研究所

果、モデルの適合度はCFI＝.924、RMSEA＝.048であった。本書ではこれを「理論モデル」と呼称することとする。CFI（Comparative Fit Index）は、設定したモデルが、全ての変数間に関連がないと仮定したモデルと比べてどれほど改善されているかを意味する指標であり、0から1の間の値をとり、1に近いほどよいモデルであることを示す。1つの目安として「.90」以上であれば、そのモデルは許容可能だと判断することができるとされている。RMSEA（Root Mean Square Error of Approximation）は、モデルの分布と真の分布との乖離を1自由度あたりの量として表現した指標であり、「.10」以下であれば許容範囲だとされていることから、本理論モデルはデータに適合していると評価することができる。

　また、プロアクティブ行動の質問項目の尺度の信頼性を確認するために、α係数を算出した。α係数は、複数の質問項目から構成される尺度の信頼性、特に内的一貫性を示す指標であり、0から1の間の値をとる。1に近いほど内的一貫性が高いことを表し、一般的には、0.7以上であれば許容できる水準、0.8以上であれば良好な水準とされている。今回のデータで分析したところ、個人プロアクティブ行動の下位尺度のα係数は、革新行動（.82）、外部ネットワーク探索行動（.83）、組織内ネットワーク構築行動（.81）、キャリア開発行動（.78）であり、チームプロアクティブ行動の下位尺度のα係数は、革新行動（.84）、外部ネットワーク探索行動（.88）、組織内ネットワーク構築行動（.85）、キャリア開発行動（.85）であった。こ

第3章　プロアクティブ人材をどう育てるか　125

図表3-6 プロアクティブ行動に関する理論モデル

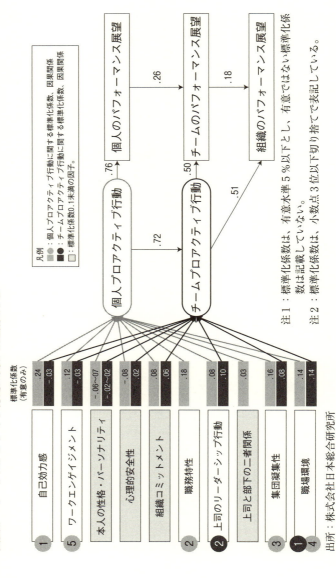

出所:株式会社日本総合研究所

のことから、プロアクティブ行動の各概念は、十分な内的一貫性があるといえる。理論モデルの全体像と各概念間の関係性を図表3－6に示す。

(2) プロアクティブ行動に影響を与える先行要因

まず図表3－6を参照しプロアクティブ行動に影響を与える先行要因についてパス係数の大きさに着目してみる。パス係数はSEMにおいて変数間の関係性の強さと方向性を示す標準化された係数であり、－1から＋1の間の値をとる。正の値は一方が増加すると他方も増加するという正の関係を表し、絶対値が大きいほど影響が強いことを示す指標である。

このパス係数を確認したところ、プロアクティブ行動の先行要因として、個人のプロアクティブ行動への影響が高いのは、自己効力感（.24**）、職務特性（.18**）、集団凝集性（.16**）、職場環境（.14**）、およびワークエンゲイジメント（.12**）などであり、チームのプロアクティブ行動への影響が高いのは、職場環境（.14**）と上司のリーダーシップ行動（.10**）であった（図表3－7）。

この結果から得られる示唆は次のとおりである。まず、個人のプロアクティブ行動への影響が最も高かったのは自己効力感であった。自己効力感とは、平たくいえば、ある状態において自分は必要な行動をうまく遂行できると、自らの可能性を認知している状態である（服部 2023）。この自己効力感を高めるためには、その個人に対して能力と状況に応じたタスクを割り当

図表３－７　プロアクティブ行動に影響を与える先行要因

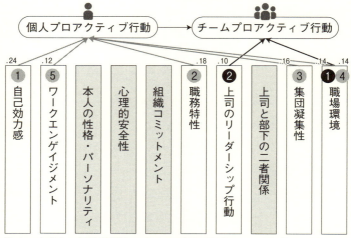

注１：有意かつ標準化係数0.1以上の項目に限定しパスを記載。
注２：❶、❷…は、標準化係数が高い順序を示す。
　　　色はそれぞれ─●が個人プロアクティブ行動に対するパスを、─●がチームプロアクティブ行動に対するパスを示す。
出所：株式会社日本総合研究所

てたり、成功体験を積ませたりすることが有効であるといわれている。次に個人のプロアクティブ行動への影響が高かったのは職務特性である。ここでいう職務特性とは、具体的にどの職務についているかといったことではなく、職務におけるタスク遂行のコンテクスト（技能多様性、タスク完結性、タスク重要性、自律性、フィードバック）に焦点を当てている概念である（服部 2023）。そのため、ある程度はどの職務についているかも関係はするものの、上司がどのように仕事を与えているかがより重要なポイントになるといえる。

チームのプロアクティブ行動への影響が高かったのは、職場環境と上司のリーダーシップ行動であった。職場環境には、経営理念・経営計画の浸透、業務負荷の適正さ、責任・権限の適切さ、評価・処遇制度の公平性、教育の機会、物理的快適性などを問う質問項目が入っており、組織の全体的な傾向を捉える概念といえる。また、上司のリーダーシップ行動は、変革型リーダーシップと交換型リーダーシップの両方を含んでおり、上司のリーダーシップをビジョン、育成、サポート、エンパワメント、革新思考、具体例による管理、カリスマの7次元で捉えた概念である（服部 2023）。いずれも会社や上司が改善することができる余地のある概念といえる。参考までに上司のリーダーシップ行動を測定するのに用いた質問項目（Carless et al., 2000[4]、服部 2023）を提示しておくので、チームのプロアクティブ行動を促進するためにマネジメントする際の参考としていただきたい（図表3－8）。

　また、個人およびチームプロアクティブ行動の先行要因として、性格特性や上司との人間関係など比較的変化しにくい性格に依存するような要因、具体的には「本人の性格・パーソナリティ」や「上司と部下の二者関係」の影響が軽微であったことにも注目したい。これらの結果からプロアクティブ行動を高めることに対するマネジメントの有効性が示唆される結果となっ

4　Carless, S. A., Wearing, A. J., & Mann, L.（2000）. A short measure of transformational leadership. *Journal of Business and Psychology*, 14, 389-405.

第3章　プロアクティブ人材をどう育てるか　129

図表3－8　上司のリーダーシップ行動の質問項目

質問項目	次元
①　明確でポジティブな未来のビジョンを示すこと	ビジョン
②　部下を個人として扱い、彼らの成長をサポートし、促進すること	育成
③　部下を励まし、認めてあげること	サポート
④　メンバー間の信頼を醸成し、関与と協力を引き出すこと	エンパワメント
⑤　問題に対して新しいやり方で考えてみたり、前提を疑ってみたりすること	革新思考
⑥　自分自身の信奉する価値観を明確に自覚しており、自分の言行が一致していること	具体例による管理
⑦　他者に誇りと尊敬の念をもたらし、極めて有能であることによって人々を鼓舞すること	カリスマ

注：選択肢は「1．滅多にない／全くない」～「5．極めて頻繁」の5件法。
出所：Carless, S. A., Wearing, A. J., & Mann, L. (2000). A short measure of transformational leadership. *Journal of Business and Psychology*, 14, 389-405. および服部泰弘『組織行動論の考え方・使い方［第2版］』（有斐閣2023年）に基づき筆者ら作成

た。プロアクティブ行動の活性化に向けては個人・チームに対して投資することはもちろん、そういった人材・チームをマネジメントできる管理職やリーダー人材の強化・育成も重要であることが明らかになったいうことである。これは第1節でも述べた管理職の重要性を数字で裏付ける結果になっているともいえる。普段から仕事を一緒にしている管理職が、自身の部下のプロアクティブ行動を促進し、そのような個人がチームとして

プロアクティブに活動できる環境を整えることが、組織全体の
プロアクティブ度を向上させる重要な一手となることは感覚と
しても理解いただけるのではないだろうか。したがって経営・
人事部門としては、そのようなマネジメントができる管理職を
いかに育成するか、またそのような管理職をいかに支援するか
が重要なのである。

(3) プロアクティブ行動とパフォーマンス展望の関係

　次にプロアクティブ行動とパフォーマンス展望の関係・経路
に関する分析結果について解説する（図表3－9）。

　まず個人プロアクティブ行動から、個人のパフォーマンス展
望（.76**）に対して有意な正のパスが示された。また個人の
パフォーマンス展望からチームのパフォーマンス展望（.26**）、
そしてチームのパフォーマンス展望から組織のパフォーマンス
展望（.18**）へ有意な正のパスが示された。

　このことから個人プロアクティブ行動を起点として、個人、
チーム、組織のパフォーマンス展望が高まるという経路が明ら
かになったといえる。これはプロアクティブな行動をとれる人
材、つまりプロアクティブ人材が自身の自律的な行動の先に将
来の組織貢献における自身の成長を展望しつつ、その行動が決
して自分勝手なものではなく、チーム全体のパフォーマンス向
上につなげようとしているということであり、個人の成長と職
場を巻き込んだ企業変革を推進し得る人材であることの証左で

第3章　プロアクティブ人材をどう育てるか　131

図表3-9　プロアクティブ行動とパフォーマンス展望の関係

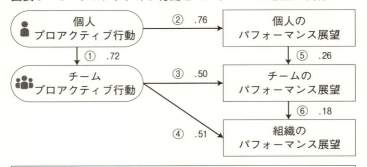

モデルから得られる示唆
①個人プロアクティブの高さは、チームプロアクティブに正の影響を与える。
②個人プロアクティブの高さは、個人のパフォーマンス展望に正の影響を与える。
③チームプロアクティブの高さは、チームのパフォーマンス展望に正の影響を与える。
④チームプロアクティブの高さは、組織のパフォーマンス展望に正の影響を与える。
⑤個人のパフォーマンス展望は、チームのパフォーマンス展望に正の影響を与える。
⑥チームのパフォーマンス展望は、組織のパフォーマンス展望に正の影響を与える。

出所：株式会社日本総合研究所

もあると捉えることができる。人材ポートフォリオの変革が期待される人的資本経営の実践において、プロアクティブ人材がキーマンとなる人材であることがあらためて示唆された形となった。

またモデルからは、個人プロアクティブ行動が個人のパフォーマンス展望を介して、チームのパフォーマンス展望を高める経路よりも、個人プロアクティブ行動がチームプロアクティ

ブ行動を介してチームや組織のパフォーマンス展望を高める経路のほうが強いことも明らかになった。具体的には、個人プロアクティブ行動がチームプロアクティブ行動を高め（.72**）、チームプロアクティブ行動が、チームのパフォーマンス展望（.50**）と、組織のパフォーマンス展望（.51**）をそれぞれ高める経路が示された。これは、企業価値の向上という観点から見た場合、プロアクティブ行動がとれる個人、つまりプロアクティブな個人を増やすだけでなく、そのような人材の肩身が狭くなったり、そのような人材のプロアクティブ度が毀損されたりしないようにするのはもちろんのこと、プロアクティブ人材同士が有機的に連携し、また創発し合うようなチームとなっていくことが重要であると示唆されたのである（なお、このようなチーム状態こそが、チームプロアクティブ行動が実践されている状態であることをあらためて付け加えておきたい）。

このモデルからプロアクティブ行動を起点とした組織パフォーマンス向上のための経路・順序が明らかになったといえる。例えば、新たな挑戦を起点に組織パフォーマンスの向上を図ろうとする場合、個人プロアクティブ行動を活性化した上で、それを毀損することなく、さらにチームプロアクティブ行動として昇華させるような具体的な施策を展開しつつ、同時に各パフォーマンス展望間が連動するよう調整を図ることが重要といったようにマネジメントすべきポイントが明確になったのである。実際の現場において、このようなマネジメントのポイントをより解像度を上げて、施策の検討ができるようにするた

第3章　プロアクティブ人材をどう育てるか　133

め、次項では組織変革に向けた実践モデルについて解説する。

(4) 組織変革に向けた実践モデル

　先行研究から考え得る全ての先行要因を並列的に検討した理論モデルをベースに、同じ2万400人のデータを用いて、より実践的なモデルを構築した。理論モデルはプロアクティブ行動の因子について探索的にアプローチするとともに、プロアクティブ行動が業績・成果につながることを検証するためのものであったが、実践モデルはこうした因子・プロアクティブ行動、成果について各企業が定点的に観測し改善に役立てるようにすることを目指したモデルである。したがって、実践モデルは先行研究に基づき想定される要因を包括的に組み込んだ理論モデルをベースに、先行要因をかなり絞り込んだ形で構築している。実践モデルを策定したのには大きく2つの理由がある。

　まず、現実の実践場面における導入負荷の低減が挙げられる。企業においては、すでにさまざまなアンケート調査を従業員に対して実施しているケースも多く、一部では従業員側からのアンケート疲れといった声も聞こえている。理論モデルをそのまま導入しようと思うと、新たにアンケートを実施する負荷が高まり、導入に向けたハードルが高くなる懸念があった。そのため、理論モデルの中でも特に影響度が高い先行要因に絞り、より少ない要因で現状を理解し、検討すべき要因に集中して施策を検討できるよう、シンプルなモデルにすることを志向し、現場の負荷が低減できるよう心掛けた。

次に、従業員アンケートによりデータを取得した後、データ分析した結果をふまえて、具体的な改善施策をより検討しやすくなるモデルとした。データをとり、分析結果をまとめて終わりではなく、それが具体的な改善施策に生かされてこそ意味があるモデルとなる。そのため、会社として重点的に投資をする介入のポイントがより理解しやすくなるようなモデルとすることを志向した。具体的には、理論モデルがプロアクティブ行動への先行要因を全て並列的に扱っていたのに対して、実践モデルにおいては、プロアクティブ行動そのものおよび、プロアクティブ行動から成果へのパスがどのように強化され得るのかという視点から、より実装可能性が高いモデルとなるよう心掛けた。また管理職向けワークショップや、1on1の実践、若手向け研修など、分析結果を生かして検討した施策が、実際の現場において実践される場面も想定しながらモデルの構築に取り組み、組織変革に向けた実践モデルを構築した（図表3－10）。

　実践モデルでは、理論モデルで明らかになった影響関係をふまえ、組織変革に向けた現実の企業組織への実装可能性を高める観点から、あらためて全要因を探索的に分析することによりモデルを大きく3階層に分けた。まず、観測変数としてのプロアクティブ行動を第2階層として実践モデルの中核に据えた上で、個人プロアクティブ行動とチームプロアクティブ行動に対する影響が高い先行要因を、プロアクティブ行動に対する因子として第1階層として設定した。次に第2階層のプロアクティブ行動から第3階層の成果へのパスを骨格として置いた上で、

図表3－10　組織変革に向けた実践モデル

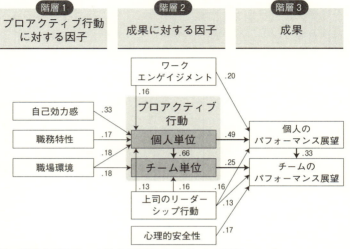

注：標準化係数は、小数点3位以下切り捨てで表記している。
出所：株式会社日本総合研究所

　プロアクティブ行動と成果の関係性を取り巻く因子を探索的に分析し、最も適合度が高いモデルとなるよう最適な因子の組み合わせを設定した。このように策定した実践モデルの適合度はCFI = .969、RMSEA = .067であった。

　階層1のプロアクティブ行動に対する因子は、理論モデルの中でも特にプロアクティブ行動への影響が大きい自己効力感、職務特性、職場環境の3つとした。個人プロアクティブ行動への影響は、それぞれ自己効力感（.33**）、職務特性（.17**）、職場環境（.18**）であり、チームプロアクティブ行動への影響は、職場環境（.18**）であった。

階層2の成果に対する因子は、プロアクティブ行動をはじめとして、ワークエンゲイジメント、上司のリーダーシップ行動、心理的安全性の4つとした。階層2の因子のうち、ワークエンゲイジメントと上司のリーダーシップ行動は、プロアクティブ行動も高める効果があり、ワークエンゲイジメントは、個人プロアクティブ行動（.16**）に、上司のリーダーシップ行動は、個人プロアクティブ行動（.13**）とチームプロアクティブ行動（.16**）の双方に正の効果が認められた。また、肝心の成果への影響という点については、個人のパフォーマンス展望を高める効果があったのが、個人プロアクティブ行動（.49**）、ワークエンゲイジメント（.20**）、上司のリーダーシップ行動（.16**）であった。チームのパフォーマンス展望には、個人のパフォーマンス展望（.33**）、チームプロアクティブ行動（.25**）、心理的安全性（.17**）、上司のリーダーシップ行動（.13**）が影響することが確認された。

　実践モデルの結果から読み取れる内容について、大きく3点ほど押さえておきたい。

　まず第1に、実践モデルにおいても、理論モデルと同様、チームプロアクティブ行動がチームのパフォーマンス展望に影響を及ぼす点を挙げておきたい。組織への介入を通じて組織変革を目指す実践モデルにおいても、個人プロアクティブ行動の活性化だけではなく、チーム全体がプロアクティブになることが、組織変革への道筋であることがあらためて確認できた意義は大きい。個人への働きかけ、個人に向けたマネジメントだけ

第3章　プロアクティブ人材をどう育てるか　137

ではなく、チーム単位での働きかけ、チームを対象としたマネジメントが重要であることが明らかになったといえるだろう。

第2に、実践モデルにおいて、上司のリーダーシップ行動がプロアクティブ行動からパフォーマンス展望まで、幅広く影響している点を挙げたい。上司のリーダーシップ行動は、実践モデルの中核である、個人プロアクティブ行動、チームプロアクティブ行動、個人のパフォーマンス展望、チームのパフォーマンス展望の4つに効果がある唯一の要因として認められた。一つひとつのパスの係数の大きさは、他の要因よりも高くないものの、個人プロアクティブ行動を起点に、チームのプロアクティブ化を促進し、組織変革につなげていく際のキーポイントとなることが明らかになった。実際、現在取組の最中ではあるものの、具体的な施策を想定した上司のリーダーシップ行動に関する初期的な分析では、上司のリーダーシップ行動の効果が年齢等の属性によって変化する可能性が示唆されている。具体的には、より若い世代において上司のリーダーシップ行動が個人およびチームのパフォーマンス展望を高める効果が高くなる傾向が示されている。これらの傾向はまだまだ検証段階ではあるものの、上司のリーダーシップを起点とした各種取組が、組織変革に向けた具体的な施策を検討する上で肝となることは間違いないため、今後個人の属性や、チームの状況に応じた上司のリーダーシップ行動のあり方について解像度をより高めていく必要がある。

第3に、個人のパフォーマンス展望にはワークエンゲイジメ

ントが、チームのパフォーマンス展望には心理的安全性が正の効果があった点にふれておきたい。仕事に関するポジティブで充実した心理状態であるワークエンゲイジメントや、チームのメンバーが間違いや失敗を恐れることなく、自分の意見を自由に表現できる状態である心理的安全性については、昨今日本においても注目されている概念である。そのため、既存のアンケート調査において類似の質問項目が入っていたり、すでになんらかの取組を推進していたりするケースも多いのではないだろうか。成果に対する影響要因として、この2つの概念を実践モデルに組み込むことができたのは、実践に向けた改善施策を検討する上で、すでに企業内で実施しているワークエンゲイジメントや心理的安全性を高めるための各種取組を包摂することができる可能性を示している。多くの企業で取り入れられながらも、どう成果に結びつけるべきかに悩まれているような指標・取組は存在する。こうした既存の取組を、個人およびチームのプロアクティブ行動を含めた組織変革パッケージの中に位置付け推進することは、人的資本投資の有効性を高める意味でも意義深いことであると考える。

　本節ではここまで、2万400人のデータに基づく、理論モデルおよび組織変革に向けた実践モデルを概観し、プロアクティブ人材の育成とそれを組織の成長につなげるポイントについて説明をしてきた。ここまでの説明でも強調してきたように、個人を起点にチームをプロアクティブ化し、組織の成長につなげていくためには、ミドルマネジメントが肝となることが理解い

ただけたのではないだろうか。こうした結果をふまえ、次節では、部下やチームのプロアクティブ行動に対する管理職のマネジメントにあたってのヒントについて解説していく。

3 管理職の プロアクティブマネジメント力 強化に向けたポイント

　前節では、従業員のプロアクティブ行動を促進し組織のパフォーマンス向上につなげるために管理職の関与が非常に重要であることについてふれた。具体的にはプロアクティブ行動はマネジメントにより活性化が可能であること、また自己効力感や職務特性をはじめとして、管理職自ら部下に働きかけることができる先行要因が多く挙げられたこと、個人のプロアクティブ行動をチームや組織のパフォーマンス展望につなげるためには上司のリーダシップ行動が重要であることなどを取り上げた。もう1点補足するならば、全社最適的に整備されるさまざまな社内制度や対象者への教育研修などの有効性を高めるという点でも管理職は重要な役割を担っている。社内制度や研修はそれそのものがプロアクティブ行動促進の一助にはなる一方で、こうした制度や機会について職場で意味付けたり、有効に活用させたりといった形で、管理職は制度や研修といった基盤の有効性をさらに高めることができるのである。こうした側面からも個人そしてチームの変革に向けた管理職の重要性を理解いただけるだろう。

　このように個人そしてチームのプロアクティブ行動を活性化し組織パフォーマンスの向上につなげるにあたって管理職が果

たすべき役割は非常に大きい。これを受けて本節では、管理職のプロアクティブ行動に対する認知とマネジメント行動の関係に関する調査結果をふまえ、プロアクティブ行動の活性化を目的とした管理職のマネジメント力強化に向けたポイントについて解説していきたい。

本節の内容を通じ、管理職各位においては、自らのマネジメント行動の"無意識の偏見"を知り新たな引き出しを探索するきっかけとしていただき、また経営・人事部門にとってはこうした管理職の行動様式を知った上で管理職へのより有効な働きかけ方を考えるきっかけとしていただければ幸いである。

(1) 管理職の認知・マネジメント傾向調査の概要

日本総研は、株式会社ZENKIGENと共同で民間企業所属の管理職約3,700人を対象に、プロアクティブ行動に対する管理職のマインドセットと関与行動に関する調査を実施した（図表3－11）。

調査の目的は大きく、「管理職はプロアクティブ行動を変えられると考えているのか」、「またその考え方に基づくマネジメント行動に違いは見られるのか」という2点を明らかにすることである。

なお「管理職はプロアクティブ行動を変えられると考えているのか」という点について、こうした管理職の認知的要因を捉える際の有用な概念の1つに、マインドセットがある。マインドセットとは、ある性質に対して個人が持つ無意識の思考パ

図表 3 −11　プロアクティブ行動に対する管理職のマインドセット
　　　　　と関与行動に関する調査の概要

【調査概要】
特定のプロアクティブ行動の発揮が不十分な部下の様子が記述された架空のシナリオを提示し、回答者である管理職のプロアクティブ行動に対するマインドセットと関与意向との関係性を調査した。

【対象者】
民間企業で無期雇用社員として就労しており、かつ部下を持つ管理職3,746名を対象とした。

【提示したシナリオのパターン】
① 革新行動が弱いシナリオ：新しいテクノロジーやサービスを自身の仕事に取り入れようとしない部下
② 組織内ネットワーク構築行動が弱いシナリオ：周囲の人に進んで手を差し伸べようとしない部下
③ 外部ネットワーク探索行動が弱いシナリオ：社外の人との関係性構築を回避している部下
④ キャリア開発行動が弱いシナリオ：今後の事業に必要な新しいスキル・知識の習得をしない部下
ーいずれのシナリオにおいても、特定のプロアクティブ行動以外は良好な職務遂行状況であることを示したシナリオとしている。
ー上記のシナリオと合わせて、シナリオに登場する部下のプロアクティブスコアのグラフも表示している。スコアの数値は、組織平均よりも低い表示としている。

【主な調査項目】
・各プロアクティブ行動に対する管理職のマインドセット
・シナリオに登場した部下に対する管理職の関与意向
・シナリオに登場した部下のプロアクティブ行動が弱いことへの原因帰属

出所：株式会社日本総合研究所

第 3 章　プロアクティブ人材をどう育てるか　143

ターンや固定化された考え方であり、本人の行動や態度に影響を与えるものである（Dweck 2006）[5]。元々、マインドセットは特に学校教育の現場で研究が積み重ねられてきている概念である。生徒の知能や性格の可変性に対する教師のマインドセット（働きかけによって伸ばせるものだと捉えているかどうか）が、生徒に対する教師の働きかけに影響を及ぼし、結果として生徒の学力の伸長度合いにも影響することが示されている（e.g., Blackwell, Trzesniewski & Dweck, 2007）[6]。管理職のマネジメントの文脈において、マインドセットの研究の蓄積は限定的であるが、Heslin, Vandewalle, & Latham（2006）[7]では、部下の性格が可変的であると捉える管理職が、部下に対して積極的なフィードバックを提供する傾向にあることが示されている。つまり管理職のマインドセットによって、部下に対する関与度合いが変わってくるということである。以降、こうした先行研究をふまえつつ部下のプロアクティブ行動に対する管理職のマインドセットの傾向、およびそれらのマインドセットが管理職の働きかけにどう影響するかについて、具体的な調査結果をみなが

5　Dweck, C. S. (2006). "Mindset: The new psychology of success". Random House.

6　Blackwell, L. S., Trzesniewski, K. H., & Dweck, C. S. (2007). "Implicit Theories of Intelligence Predict Achievement Across an Adolescent Transition: A Longitudinal Study and an Intervention". Child Development, 78(1), 246-263.

7　Heslin, P. A., Vandewalle, D., & Latham, G. P. (2006). "Keen to help? Managers' implicit person theories and their subsequent employee coaching". Personnel Psychology, 59(4), 871-902.

ら解説していく。

(2) 管理職のプロアクティブ行動に関するマインドセットの実態

　本調査では、まず回答者である管理職が部下のプロアクティブ行動を「変えられるものと捉えているか」を把握するために、4種類のプロアクティブ行動に対する管理職のマインドセットを測定した。その上で、4種類のプロアクティブ行動のいずれかが弱い部下の状況を示した架空のシナリオ、およびその部下の個人プロアクティブスコアを回答者に提示し、その部下に対してどのような介入手法をとるのかという点についても併せて調査している。調査全体としては、世の中の管理職はそもそもプロアクティブ行動を自身の働きかけによって促進することができると考えているのか、そしてそれが部下への働きかけにどのように影響するかを検証しているということである。

　まず当該調査にて測定された、各プロアクティブ行動に対する管理職のマインドセットの傾向について紹介したい（図表3－12）。

　各プロアクティブ行動に対して3問の設問を設け、計12問の設問によって管理職のプロアクティブ行動に対するマインドセットを把握した。各設問では、生まれつき決まっていたり、才能によるものが大きかったりするかどうかを尋ね、6件法（1．全くそう思わない、2．そう思わない、3．あまりそう思わない、4．ややそう思う、5．そう思う、6．非常にそう思う）で回答を

第3章　プロアクティブ人材をどう育てるか　145

図表3-12 各プロアクティブ行動に対するマインドセット(MS)の指数

		革新行動MS (α=.677)			外部ネットワーク探索行動MS (α=.847)			組織内ネットワーク構築行動MS (α=.738)			キャリア開発行動MS (α=.811)	
4.50												
4.20		4.02										
3.90	3.90			3.93	3.82	3.93			3.80			3.96	3.97
3.60			3.51					3.64			3.85		
3.30							3.34						
3.00												

革新行動MS
- 革新的なアイデアや方法を生み出す能力の高低は、ほとんど決まっている
- 革新的な仕事ができるかどうかは、社会人になる前の経験によってほとんど決まっている
- 努力や提案を経験を積んでも、自分から改善できない人である

外部ネットワーク探索行動MS
- 仕事上の人間関係を構築する力は、ほとんど変えることができないと思う
- もともと社交的な性格でないと、社外の人脈を作ることは難しい
- 仕事上の人間関係を広げることは、教育でも伸びる

組織内ネットワーク構築行動MS
- 周りにどんなに馴染めない努力しても、絶対に一定数いる
- 仕事を進める上で人をうまく巻込める能力がある、育成しようがないものが大きい
- 社内での立ち回りのうまさ、コミュニケーション能力は、ある程度先天的に決まっている関係する

キャリア開発行動MS
- 中長期的なキャリアイメージを描くのが下手な人に、キャリアの話をしても変わらない
- 目先の業務以外の学習に取り組める否かが大きく、社会人になる前の経験の影響か
- 自己研鑽を積極性は、社会人になってから変えることは難しい

出所:株式会社日本総合研究所

求めた。回答結果は「1．全くそう思わない」を選択したとき
が6.00、「6．非常にそう思う」を選択したときが1.00になる
ように指数化している。それぞれのプロアクティブ行動を、先
天的なものであって何かしらの働きかけや環境変化によって変
えるのは困難であると考えている場合、指数は1.00に近づく。
このように、部下の行動は先天的なもので決まってしまい、働
きかけや環境変化によって変わらないと考えるマインドセット
を固定的マインドセットと呼ぶ。一方、何かしらの働きかけや
環境変化によってプロアクティブ行動は変えられると考えてい
る場合、指数は6.00に近づく。このように、部下の行動は働き
かけや環境変化によって変えられると考えるマインドセットを
増大的マインドセットと呼ぶ。

　結果を見ると、各プロアクティブ行動のマインドセットの指
数は3.50～4.00程度となっており、管理職は各プロアクティブ
行動に対してどちらかといえば増大的なマインドセットである
といえる[8]。

　次に、プロアクティブ行動に対する管理職のマインドセット
の傾向は、管理職の育成経験によって変わるかについて見てい

8　同時に、各プロアクティブ行動のマインドセットを尋ねる設問群ごと
　に、α係数を算出している。第3章第2節でも紹介したとおり各設問群
　に含まれる3つの設問が同じプロアクティブ行動のマインドセットを測
　定しているかどうか、その信頼性を示すのがα係数である。0から1ま
　での値をとり、1に近いほど信頼性が高くなる。今回、各設問群のα係
　数は概ね0.7～0.8になっており、各設問群は各プロアクティブ行動に対
　するマインドセットを捉える設問群として信頼性の高いものになってい
　ると考えられる。

第3章　プロアクティブ人材をどう育てるか　147

く。部下の行動に対する管理職のマインドセットは、回答者である管理職自身の過去の経験によって影響するとも考えられるため、育成経験年数および部下の成長スピードの2つからマインドセットの傾向を見てみる。なお、ここではマインドセットの指数は、前掲の4つのプロアクティブ行動（計12問に対する回答）全てを対象にしたときの平均指数を用いる。

　まず、育成経験年数によってプロアクティブ行動に対するマインドセットはどのように変わってくるのだろうか。育成経験が豊富な管理職であるほど、部下の指導や育成のケースが積み重なっているため、なんらかの働きかけによって人の行動は変わるものだと考える、すなわち増大的なマインドセットを有する傾向にあるかもしれない。しかし、図表3－13を見ると分かるとおり、育成経験年数が長いほど指数が高くなるわけではなく、マインドセットが増大的になるわけではない。むしろ、育成経験年数15年までは、育成経験年数が長くなるほど指数が若干下がり、マインドセットが固定的になる傾向を示している。育成経験年数が1年未満、1年以上～12年未満、12年以上～15年未満の3群のマインドセットの指数を、分散分析[9]を用いて検定したところ、有意水準1％で有意に低くなっていくことも示されている。あくまでも推察ではあるが、部下の指導や育成シーンに多く携わると、人の意識や行動を変えることの難しさに直面する機会もその分多く、プロアクティブ行動に対するマ

9　第2章脚注19（85ページ）参照。

図表3−13　育成経験年数別のプロアクティブ行動に対するマインドセットの指数

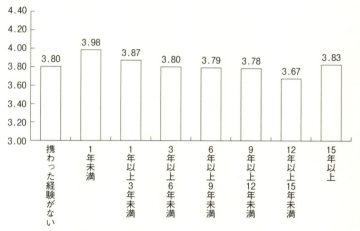

出所：株式会社日本総合研究所

インドセットも固定的になりやすいのかもしれない。

　もう1つの軸である部下の成長スピード別にマインドセットの傾向を見てみよう。一般的には、部下の成長スピードが早いほど、管理職も人材育成の効果を実感しやすくなるため、プロアクティブ行動に対するマインドセットも増大的な傾向を示すと考えられる。図表3−14の結果を見ると、そうした傾向が一部表れている。部下の成長スピードが「かなり早い」と回答した管理職の指数が最も低くなっているのを除き、「早い」と回答した管理職の指数が最も高く、それ以降は「他と同程度」、「遅い」、「かなり遅い」、の順に指数が下がる傾向が見られる。部下の成長スピードが「早い」、「他と同程度」、「遅い」、「かな

図表3−14　部下の成長スピード別のプロアクティブ行動に対する
　　　　　マインドセットの指数

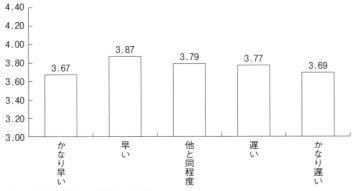

出所：株式会社日本総合研究所

り遅い」、これら4群のマインドセットの指数を、分散分析を用いて検定したところ、「早い−他と同程度」の群間、および「遅い−かなり遅い」の群間には統計的に有意な差（有意水準1％）が見られたため、部下の成長スピードが遅くなるとマインドセットが固定的になる傾向は一部存在しているといえる。このように、普段接している部下の成長度合いによっても、管理職のマインドセットは変動し得るものであるといえる。

まとめると管理職のマインドセットは、育成経験の年数や部下の成長スピードに対する自身の捉え方にも影響を受けるものであることが分かった。固定的マインドセットだから一生変わらないものではない、という点が理解いただけるだろう。

(3)　管理職のマインドセットに応じたマネジメント行動

　続いて、回答者の管理職は部下のプロアクティブ行動の活性化に向けてどんな働きかけを選択したのかについて、マインドセットの傾向別に見ていきたい。調査では回答者に、図表3－15に記載の4つのシナリオのいずれかを呈示した後、図表3－16に掲載されたマネジメント方略の採用意向がどの程度あるかを、6件法（1．全くとらないと思う、2．とらないと思う、3．あまりとらないと思う、4．ややとると思う、5．とると思う、6．必ずとると思う）で回答を求めた。図表3－15に記載された4つのシナリオは、登場人物のAさんの行動において、①革新行動が弱いシナリオ、②組織内ネットワーク構築行動が弱いシナリオ、③外部ネットワーク探索行動が弱いシナリオ、④キャリア開発行動が弱いシナリオとなっている。そしてマネジメント方略の採用意向が、管理職の各プロアクティブ行動のマインドセットの指数によってどのように変わってくるかを示したのが図表3－17①～④である。なお、図表3－17①～④の見方について少し補足をしておきたい。表の表頭には、管理職のマインドセットを左から低い順に階級別に並べている。これは前項にて解説してきた管理職のマインドセットデータが元になっている。

　表側（表の左側）にはマネジメント方略が並べられている。したがって表の中身を見ると、マインドセットの階級別に、ど

第3章　プロアクティブ人材をどう育てるか　**151**

図表 3 −15　提示した 4 つのシナリオの一覧

①	**革新行動が弱いシナリオ** あなたは 3 人の部下を持つ管理職（37歳）です。あなたのチームは、A さん（29歳）、B さん（31歳）、C さん（26歳）の 3 人のメンバーから成り立っていて、このチームで 2 年間一緒に働いています。この 2 年間、毎クオーターでチーム目標を達成し続け、他のチームからもその安定した成果を評価されています。チーム内の人間関係の問題も特に生じていません。しかし、あなたは A さんについて少し気になることがあります。 A さんは、仕事は確実にこなす一方で、新しいテクノロジーやサービスを自分から積極的に仕事に取り入れようとする様子が見られません。他のメンバーが新しいアイデアやツールを提案する際、A さんの反応はいつも控えめで、活用に対して慎重な様子が目立っています。議論の際にも、「運用面を考えたら、今は慣れている手法のほうが」とか「これまでの方法のほうがミスが起きない」というような意見を持っているように見えています。 また、チーム内の他のメンバーは、社内の新規事業コンテストや、社外で開催される研修等の現業務外の機会に積極的に参加しているのですが、A さんは説明会には顔を出しますが、実際に参加しているところを見たことはありません。一方で、雑談の中で、他メンバーの挑戦の様子については、自ら積極的に尋ねており、参考になりそうな情報を提供している場面を見たことがあり、周りの挑戦をポジティブに受け止めているように見受けられます。
②	**組織内ネットワーク構築行動が弱いシナリオ** あなたは 3 人の部下を持つ管理職（37歳）です。あなたのチームは、A さん（29歳）、B さん（31歳）、C さん（26歳）の 3 人のメンバーから成り立っていて、このチームで 2 年間一緒に働いています。この 2 年間、毎クオーターでチーム目標を達成し続け、他のチームからもその安定した成果を評価されています。しかし、あなたは A さんについて少し気になることがあります。 A さんは、自分の担当業務は非常に高い水準でこなしていますが、周りの人のちょっとした困りごと等に、自分から手を差し伸べるような様子が見られません。例えば、C さんが仕事上でミスをして慌てていた際に、B さんやあなたが助けに入っているときも、A さんは自身の業務に集中しているようでした。 とはいえ、A さんは、C さんや他部署の同僚からランチや飲み会に誘われれば快く応じているようで、普段のコミュニケーションからも、特に人当たりが悪い印象はありません。

③	**外部ネットワーク探索行動が弱いシナリオ** あなたは3人の部下を持つ管理職（37歳）です。あなたのチームは、Aさん（29歳）、Bさん（31歳）、Cさん（26歳）の3人のメンバーから成り立っていて、このチームで2年間一緒に働いています。この2年間、毎クオーターでチーム目標を達成し続け、他のチームからもその安定した成果を評価されています。しかし、あなたはAさんについて少し気になることがあります。 Aさんは、自分の担当業務は非常に高い水準でこなしており、他部門からも高い信頼を得ています。また、非常に勉強熱心で、業務を通じて得た情報を積極的に社内に展開し、頻繁に社内勉強会を開催しています。そうした姿勢が素晴らしいと思ったあなたは、Aさんにある社外のセミナーで講演をすることを提案したのですが、やんわりと断られてしまいました。 思い返してみるとAさんは、社外のセミナーやイベント等に積極的に顔を出してインプットに励んでいるのですが、その後の懇親会等には参加せずに帰る傾向があることに気づきました。あなたは、Aさんの今後を考えても、社外でのネットワークをうまく構築してくれると嬉しいと思っています。
④	**キャリア開発行動が弱いシナリオ** あなたは3人の部下を持つ管理職（37歳）です。あなたのチームは、Aさん（29歳）、Bさん（31歳）、Cさん（26歳）の3人のメンバーから成り立っていて、このチームで2年間一緒に働いています。この2年間、毎クオーターでチーム目標を達成し続け、他のチームからもその安定した成果を評価されています。しかし、あなたはAさんについて少し気になることがあります。 Aさんは、自分の担当業務は非常に高い水準でこなしており常に高い人事評価を得ているのですが、自身の「キャリア」についての積極性に欠けるところがあるように見えます。 今後、あなたの会社では、既存事業とは全く毛色の異なる新たな事業に挑戦することになっており、全社的に関連する新しい知識やスキルの獲得に励んでいます。Bさんも、Cさんも、積極的に会社の用意した研修等に自分から参加しているのですが、Aさんは現在の業務が忙しいことを理由にほとんど参加していません。あなたは、Aさんの業務量が落ち着いたタイミング等を見計らって、それとなく研修やセミナー参加を促してみるのですが、どれも理由をつけて断られている状態です。

出所：株式会社日本総合研究所

図表 3 −16　採用意向を尋ねた具体的なマネジメント方略一覧

No.	具体的なマネジメント方略
1	仕事における本人の裁量の拡大
2	仕事の量の軽減
3	仕事のやり方・進め方を変える工夫を促す指導
4	本人のレベル+αのチャレンジ業務の付与
5	周囲の社員と協力・連携させるような機会の付与
6	周囲の社員や他部門の社員とのネットワーキングの奨励
7	新しいアイデアを一緒になって考える取組
8	自身の知見を社内に広める活動の奨励
9	積極的な1on1によるコミュニケーション
10	社内研修など社内の教育メニューの活用奨励
11	社外研修・セミナーなど社外で知見を広める機会の奨励
12	自身の知見を社外に発信する活動の奨励
13	社外の人材とのネットワーキングの援助
14	中長期的なキャリアのあり方に関するアドバイスの実施

出所：株式会社日本総合研究所

の方略の採用意向がどの程度あるか、ということを俯瞰することができる表となっている。なお、表中の指数は「1．全くとらないと思う」を1.00、「6．必ずとると思う」を6.00にして指数化しており、指数が高くなるほどそのマネジメント方略の採用意向が強くなることを示している。なお、図表 3 −17①〜④の表頭部分であるマインドセットの指数の区分については、サンプル数が極端に少ない2.00未満と6.00を除き、2.00〜

図表 3 −17① 革新行動に対するマインドセットとマネジメント方略の採用意向の関係

凡例：
- 4 以上
- 3.75以上 4 未満
- 3.5以上3.75未満

シナリオ①を読んだ管理職の マネジメント方略の採用意向（897名）	革新行動に対するマインドセット指数（採用意向は1.00〜6.00の指数で表示）				平均
	2.00〜2.99 69名	3.00〜3.99 339名	4.00〜4.99 410名	5.00〜5.99 79名	
1 仕事における本人の裁量の拡大	3.34	3.47	3.65	3.48	3.49
2 仕事の量の軽減	2.76	3.03	3.17	3.48	3.11
3 仕事のやり方・進め方を変える工夫を促す指導	3.51	3.55	3.67	3.83	3.64
4 本人のレベル+αのチャレンジ業務の付与	3.60	3.60	3.74	3.76	3.67
5 周囲の社員と協力・連携させるような機会の付与	3.54	3.61	3.65	4.03	3.71
6 周囲の社員や他部門の社員とのネットワーキングの奨励	3.46	3.49	3.54	3.76	3.56
7 新しいアイデアを一緒になって考える取組	3.62	3.63	3.73	3.90	3.72
8 自身の知見を社内に広める活動の奨励	3.34	3.43	3.51	3.69	3.49
9 積極的な1on1によるコミュニケーション	3.66	3.70	3.70	3.97	3.76
10 社内研修など社内の教育メニューの活用奨励	3.35	3.45	3.53	3.79	3.53
11 社外研修・セミナーなど社外で知見を広める機会の奨励	3.39	3.45	3.54	3.97	3.59
12 自身の知見を社外に発信する活動の奨励	3.31	3.43	3.48	3.83	3.51
13 社外の人材とのネットワーキングの援助	3.36	3.39	3.44	3.62	3.45
14 中長期的なキャリアのあり方に関するアドバイスの実施	3.71	3.68	3.81	3.83	3.75
平均	3.42	3.49	3.58	3.78	3.57

出所：株式会社日本総合研究所

図表 3－17② 組織内ネットワーク構築行動に対するマインドセットとマネジメント方略の採用意向の関係

	4以上
	3.75以上4未満
	3.5以上3.75未満

シナリオ②を読んだ管理職の マネジメント方略の採用意向（910名）	組織内ネットワーク構築行動に対するマインドセット指数				
マネジメント方略（採用意向は1.00～6.00の指数で表示）	2.00～2.99	3.00～3.99	4.00～4.99	5.00～5.99	平均
	106名	428名	311名	65名	
1 仕事における本人の裁量の拡大	3.15	3.39	3.58	3.63	3.44
2 仕事の量の軽減	2.69	3.08	2.89	3.21	2.97
3 仕事のやり方・進め方を変える工夫を促す指導	3.26	3.57	3.73	4.16	3.68
4 本人のレベル＋αのチャレンジ業務の付与	3.18	3.50	3.74	3.95	3.59
5 周囲の社員と協力・連携させるような機会の付与	3.26	3.69	4.09	4.18	3.81
6 周囲の社員や他部門の社員とのネットワーキングの奨励	3.22	3.47	3.62	3.84	3.54
7 新しいアイデアを一緒に社内に広める活動の奨励	3.27	3.49	3.71	4.00	3.62
8 自身の知見を社内に広める活動の奨励	3.02	3.44	3.40	3.47	3.33
9 積極的な1 on 1によるコミュニケーション	3.37	3.59	3.83	3.82	3.65
10 社内研修など社内の教育メニューの活用奨励	3.04	3.34	3.40	3.58	3.34
11 社外研修・セミナーなど社外で知見を広める機会の奨励	3.03	3.36	3.33	3.71	3.36
12 自身の知見を社外に発信する活動の奨励	3.08	3.26	3.30	3.71	3.34
13 社外の人材とのネットワーキングの援助	3.07	3.26	3.28	3.32	3.23
14 中長期的なキャリアのあり方に関するアドバイスの実施	3.38	3.68	3.97	4.03	3.76
平均	3.14	3.44	3.56	3.76	3.48

出所：株式会社日本総合研究所

図表３－17③　外部ネットワーク探索行動に対するマインドセットとマネジメント方略の採用意向の関係

	4以上
	3.75以上４未満
	3.5以上3.75未満

シナリオ③を読んだ管理職のマネジメント方略（採用意向は1.00～6.00の指数で表示）（894名）	外部ネットワーク探索行動に対するマインドセット指数				
	2.00～2.99	3.00～3.99	4.00～4.99	5.00～5.99	平均
	54名	323名	398名	119名	
1　仕事における本人の裁量の拡大	3.40	3.44	3.71	3.82	3.59
2　仕事の量の軽減	2.80	3.01	3.21	3.55	3.14
3　仕事のやり方・進め方を変える工夫を促す指導	3.40	3.45	3.50	3.95	3.58
4　本人のレベル＋αのチャレンジ業務の付与	3.56	3.54	3.65	3.59	3.58
5　周囲の社員と協力・連携させるような機会の付与	3.50	3.61	3.60	4.09	3.70
6　周囲の社員や他部門の社員とのネットワーキングの奨励	3.40	3.54	3.52	4.14	3.65
7　新しいアイディアを一緒になって考える取組	3.40	3.56	3.62	3.91	3.62
8　自身の知見を社内に広める活動の奨励	3.40	3.47	3.48	3.95	3.57
9　積極的な1on1によるコミュニケーション	3.57	3.62	3.62	3.68	3.62
10　社内研修など社内の教育メニューの活用奨励	3.24	3.43	3.43	4.18	3.57
11　社外研修・セミナーなど社外で知見を広める機会の奨励	3.40	3.52	3.55	4.14	3.65
12　自身の知見を社外に発信する活動の奨励	3.37	3.46	3.59	4.05	3.62
13　社外の人材とのネットワーキングの援助	3.40	3.47	3.57	3.82	3.56
14　中長期的なキャリアのあり方に関するアドバイスの実施	3.67	3.68	3.73	4.00	3.77
平均	3.39	3.48	3.56	3.92	3.59

出所：株式会社日本総合研究所

図表3-17④ キャリア開発行動に対するマインドセットとマネジメント方略の採用意向の関係

凡例：
- 4 以上
- 3.75以上4未満
- 3.5以上3.75未満

シナリオ④を読んだ管理職の マネジメント方略の採用意向（900名） マネジメント方略（採用意向は1.00~6.00の指数で表示）	キャリア開発行動に対するマインドセット指数				平均
	2.00~2.99 50名	3.00~3.99 307名	4.00~4.99 422名	5.00~5.99 121名	
1 仕事における本人の裁量の拡大	3.52	3.41	3.53	3.56	3.50
2 仕事の量の軽減	2.99	3.23	3.34	3.11	3.17
3 仕事のやり方・進め方を変える工夫を促す指導	3.61	3.46	3.55	3.61	3.56
4 本人のレベル+αのチャレンジ業務の付与	3.58	3.54	3.55	3.78	3.62
5 周囲の社員と協力・連携させるようなチャレンジ業務の付与	3.64	3.56	3.61	3.72	3.64
6 周囲の社員や他部門の社員とのネットワーキングの奨励	3.50	3.44	3.62	3.44	3.50
7 新しいアイデアを一緒になって考える活動の奨励	3.56	3.51	3.58	3.61	3.57
8 自身の知見を社内に広める活動の奨励	3.43	3.44	3.58	3.61	3.51
9 積極的な1on1によるコミュニケーション	3.80	3.58	3.67	3.33	3.60
10 社内研修など社内の教育メニューの活用奨励	3.51	3.47	3.58	3.06	3.40
11 社外研修・セミナーなど社外で知見を広める機会の奨励	3.53	3.42	3.60	3.17	3.43
12 自身の知見を社外に発信する活動の奨励	3.34	3.35	3.50	3.39	3.40
13 社外の人材とのネットワーキングの援助	3.32	3.34	3.55	3.39	3.40
14 中長期的なキャリアのあり方に関するアドバイスの実施	3.80	3.66	3.72	3.61	3.70
平均	3.51	3.46	3.57	3.51	3.51

出所：株式会社日本総合研究所

2.99、3.00〜3.99、4.00〜4.99、5.00〜5.99の計4区分を設け
ている。マインドセットの指数が高くなるほど、増大的なマイ
ンドセットを有する管理職が回答した結果であることを示して
いる。

　マインドセットの階級別の全体平均の傾向を見ると、キャリ
ア開発行動を除き、増大的なマインドセットになるほど、管理
職の各マネジメント方略への採用意向は強まることが分かる。
一方、キャリア開発行動に関しては、増大的なマインドセット
になるほど、積極的な1on1によるコミュニケーション（No.
9）や中長期的なキャリアのあり方に関するアドバイスの実施
（No.14）などのように採用意向が弱まる方略も一部存在する。
また、他のプロアクティブ行動に対するマインドセットと比較
して、マインドセットが増大的であるほどマネジメント方略の
採用意向が強まる傾向が明確でない。そのため、キャリア開発
行動に対するマインドセットについては、増大的なマインドセ
ットを有するほど管理職の介入意図が強まるわけではないとい
う特徴が浮かび上がってくる。

　キャリア開発行動を除き、管理職がシナリオに出てきた部下
に対するマネジメント方略の中で、共通して採用意向が強かっ
たマネジメント方略は、仕事のやり方・進め方を変える工夫を
促す指導（No.3）や、周囲の社員と協力・連携させるような
機会の付与（No.5）、社外研修・セミナーなど社外で知見を広
める機会の奨励（No.11）、中長期的なキャリアのあり方に関す
るアドバイスの実施（No.14）である。こうしたマネジメント

第3章　プロアクティブ人材をどう育てるか　159

方略は、比較的指示的な性質を持つか、自身の経験に沿って話をするなどの取組であり、管理職にとって実行のハードルもそれほど高くない。また即座に行動に移せるものであるため、シナリオの違いにかかわらず他と比べて選択されやすい傾向にあったものと推測している。

　なお、シナリオの違い、すなわち対象とするプロアクティブ行動の違いによって採用するマネジメント方略に差が生じている点も面白い。例えば、外部ネットワーク探索行動が弱い部下を対象にしたシナリオ③においては、増大的なマインドセットになるほど、社外研修・セミナーなど社外で知見を広める機会の奨励（No.11）、自身の知見を社外に発信する活動の奨励（No.12）の採用意向が他のシナリオと比較して大きく強まっている。これは、管理職が部下の状態に応じて最適なマネジメント方略を選択しようとする動きの表れであるといえる。まとめると、管理職は部下の状況に応じて臨機応変にマネジメント方略を選択しようとするが、一方で実行しやすい対応に落ち着きがちな傾向も合わせて見られた。また、マインドセットが増大的であればさまざまなマネジメント方略を試そうとする傾向が明らかになったことから、管理職が増大的マインドセットを有することに一定の意義がある点についても確認できた。

　加えて、当該調査では回答者の管理職に対して、シナリオで出てきた人物のプロアクティブ行動が弱い原因についても確認している。具体的には、プロアクティブ行動が弱い原因を、性格・能力・やる気・周りの環境・その他の要因の5項目で与え

た上で、5項目の合計が100％になるように回答することを求めている。例えば、回答者が原因のうち半分程度が性格に起因するものと考えているのであれば50％を入力し、次に本人のやる気が原因の3割程度を占めると考えているのであれば30％を入力するという形式で回答していく。

　また、シナリオで出てきた人物のプロアクティブ行動が弱いという状況を自ら変えられるかどうか、という回答者自身の考えについても確認している。具体的にはシナリオで出てきた人物のプロアクティブ行動が弱い原因を自身の働きかけによって変えることができるかどうかについて、6件法（1．ほとんど変えることはできないと思う、2．変えることはできないと思う、3．あまり変えることはできないと思う、4．少しだけなら変えることができると思う、5．変えることができると思う、6．おおきく変えることができると思う）で尋ねている。

　これらの結果をふまえ、部下のプロアクティブ行動の変化可能性とプロアクティブ行動が弱い原因についての、管理職の考え方の傾向について示しているのが図表3−18である。例えば、図表3−18の「おおきく変えることができると思う」の結果は、「6．おおきく変えることができると思う」を選択した管理職112人が入力したプロアクティブ行動が弱い原因項目の平均割合を示している。つまり、対象人物の行動は働きかけによって大きく変えることができると考えている管理職112人が、その人物のプロアクティブ行動が弱まってしまう主原因を何に求めているか、その内訳を示している図表となっている。

第3章　プロアクティブ人材をどう育てるか　161

図表3−18 プロアクティブ行動の原因帰属と改善意向の関係性

全体		改善意向					
		1 ほとんど変えることはできないと思う (N=131)	2 変えることはできないと思う (N=320)	3 あまり変えることはできないと思う (N=1,047)	4 少しだけなら変えることができると思う (N=1,295)	5 変えることができると思う (N=841)	6 おおきく変えることができると思う (N=112)
原因	1 性格的な特徴	51.0%	43.6%	38.3%	39.5%	39.4%	37.8%
	2 能力的な特徴	12.7%	15.5%	18.1%	17.3%	14.6%	16.3%
	3 本人のやる気	18.2%	21.9%	23.8%	22.5%	21.8%	19.6%
	4 周りの環境	13.6%	16.5%	17.9%	18.4%	20.8%	20.7%
	5 その他の要因	4.5%	2.6%	1.9%	2.4%	3.4%	5.6%

出所:株式会社日本総合研究所

図表3−18の結果をふまえて、自身の働きかけによって部下のプロアクティブ行動を「おおきく変えることができると思う」と回答した管理職と、「ほとんど変えることはできないと思う」と回答した管理職とで、プロアクティブ行動が弱い原因の特徴を比較してみる。すると、プロアクティブ行動が弱い原因は周りの環境であると回答した比率は、前者の管理職では20.7%、後者の管理職では13.6%となっており、前者の管理職のほうが高くなっている。各シナリオで出てきた人物のプロアクティブ行動を自身の働きかけによって変えることができると考えている管理職ほど、プロアクティブ行動が弱い原因を周りの環境に求める傾向にあるということが分かる。こうした傾向は、前述の図表3−17で見た、各プロアクティブ行動に対するマインドセットとマネジメント方略の採用意向の関係性と一致する。

　一方、プロアクティブ行動が弱い原因は性格的な特徴であると回答した比率は、前者の管理職では37.8%、後者の管理職では51.0%となっており、後者の管理職のほうが高くなっている。この結果から、プロアクティブ行動の改善意向が弱い管理職は本人の性格という変えにくい事項に原因を求めていることが分かる。

　つまり、自身の働きかけによって部下のプロアクティブ行動を促進できると考えている管理職ほど、職場環境や仕事の内容など本人を取り巻く環境にプロアクティブ行動が弱まる原因があると考え、その改善に動こうとする姿が浮かび上がってく

第3章　プロアクティブ人材をどう育てるか　**163**

る。その一方で、自身の働きかけによってプロアクティブ行動は促進できないと考えている管理職ほど、本人の性格にプロアクティブ行動が弱まる原因があると考えるため、「性格なんてなかなか変わらない」と考えて働きかけを避けている可能性がある。

(4) プロアクティブ行動に対するマネジメント ——調査からの学び

　ここまで見てきたとおり、プロアクティブ行動に対する管理職のマインドセットによって、実際に職場で部下に関与しようとする行動を起こすか否かは大きく変わってくる。通常、プロアクティブスコアに限らず、エンゲイジメントサーベイや従業員満足度調査の結果などをフィードバックする際、経営・人事部門は受け手となる管理職が結果を適切に読み解き、自部署にとって必要な施策を検討し、自発的に行動に移すものであると思い込んでしまう。しかし、前述の調査結果をふまえると、管理職のマインドセットによってプロアクティブスコアの受け取り方に差が生じ、結果として改善に向けたアクションにつながるかどうかも変化してくることが示唆される。マインドセットとプロアクティブ行動の関係について大きく3点の示唆が得られた。

　1点目として、プロアクティブ行動に対するマインドセットと部下への働きかけは密接な関係があることがわかった点である。具体的には、革新行動、組織内ネットワーク構築行動、外

部ネットワーク探索行動に対するマネジメント行動は、管理職が増大的マインドセットを持つほどにその積極性が強くなる。一方キャリア開発行動に対するマネジメント行動はマインドセットとの明確な関係性は見られなかった。部下のキャリア開発に対し管理職が関わるという行動そのものがまだまだ模索段階であるということかもしれない。

　2点目は、増大的マインドセットを持つ管理職であるほどさまざまな打ち手を試行する傾向にあるという点である。プロアクティブ行動に対するマネジメントを浸透させるにあたってこの示唆は非常に有用である。組織としてさまざまなトライ＆エラーを繰り返し組織知としてプロアクティブ行動に対するマネジメントのノウハウを蓄積しようとする局面において、増大的マインドセットを持つ管理職の存在は非常に心強いことは想像に難くない。なお、マインドセットは個人が持つ無意識の思考パターンや固定化された考え方であるため、周囲の介入によって変えることはできないと捉えてしまうかもしれないが、実はそうではない。研修や企業側からのコミュニケーションといった周囲の働きかけによって、能力に対するマインドセットを増大的なマインドセットに転換することが可能であることは先行研究でも指摘されている。企業側が管理職に対して自身のマインドセットを自覚してもらう機会を提供し、社員の能力や行動に対して増大的なマインドセットを持つ管理職を増やしていくことは不可能ではないのである。もちろん、管理職自身もマネジメントを行う際の自身の固定観念をあらためて見つめ直し、

第3章　プロアクティブ人材をどう育てるか　165

また向き合っていくことも有効である。特に、「部下の行動は生まれつきの性格などによって決まっていて、自分が何とかできるものではない」と考えているベテラン管理職は要注意である。ここまでの調査結果からも分かるとおり、育成経験年数が長いベテラン管理職はプロアクティブ行動に対するマインドセットが固定的になる傾向が見られるため、自身の固定観念が邪魔をして、知らず知らずのうちに部下に働きかけをしなくなっている方もいると見られる。長年の経験に基づく固定観念を転換するのはなかなか難しいかもしれないが、まずはこうした固定観念を転換させ、部下の行動に対するスタンスを徐々に変えていくことが必要なのである。

　３点目は、増大的マインドセットを有する管理職であったとしても「指示しやすい」「自己の経験に基づき発信しやすい」施策を選択する傾向がある可能性があるということである。管理職が行うべきマネジメント内容が高度化・複雑化している点は第３章第１節でふれた。この背景として勤務場所、勤務時間も含め多様な働き方が進み一人ひとりに目が行き届きづらい時代になってきている一方で、職場のダイバーシティは加速度的に進み、これまでの経験を生かしづらく予測が困難になっている点についても併せて解説したとおりである。捉えづらくなっている個に寄り添い、個にフィットする施策をともに考えることが必要であるがその難易度が上がっているということもあるだろう。マネジメント施策を選択する際に、こうした意思決定の傾向があることを管理職本人が、また経営・人事部門が理解

し、打ち手が硬直的にならないように取組を推進することが必要であるということである。

　以上の3点をふまえれば、企業の中核である管理職が、プロアクティブ行動は個人の特性に左右されるものであるから変わらない、という思い込みに陥らないようにすること、また打ち手について硬直的・保守的になっていないかを常に俯瞰的に確認しつつ探索的な姿勢を保ち続けることが、管理職のプロアクティブマネジメント力向上に向けたポイントであるといえるのである。

第 **4** 章

プロアクティブ人材育成の実践

(1) 企業における実践のポイントと取組のステップ

第3章ではプロアクティブ行動を活性化させるためのマネジメントの仕組みの全体像を紹介し、その仕組みを効果的に運用するにあたってのポイントについても解説してきた。ここまでで人材管理の手法論として汎用的な解決策は、ひととおり紹介できたものと考える。一方で、こうした仕組みを実装・定着化させられるか、という問いにはまだお答えしていない。

本章ではこうした疑問にお答えすべく、プロアクティブ人材を企業で実際に育成していく際のポイントについて導入・実践の実例も交えつつ解説する。

筆者らは、具体的な実践を進める上で最も重要なことは、自身の企業において実践可能な形に取組をデザインすることにあると考えている。そのためには、これまで解説してきた理論的背景を念頭に置きつつも、自社の現実に照らし合わせて実装可能な形に調整することが必要不可欠である。

そこで本章では、まずプロアクティブ人材を育成する取組を組織で実践しようとする際に、留意すべきポイントについて解説したい。ポイントを先に述べておくと、取組の端緒をどのように開くかということ、そしてその過程で関係者の納得感や共感をいかに醸成するかが重要であるということである。

例えば、人事部門が強い問題意識を持ち取組を推進しようとするが、経営陣をはじめとする意思決定者の理解が得られない

というケースがある。このような状況が起こる背景としては、人材育成などの人的資本投資が本当に企業価値向上につながるのか確信が持てないという事情から、すでにさまざまな施策を実施して現場では施策疲れが起こっているので、今新たな施策を始めることは難しいという事情まで、さまざまなパターンが存在する。

　他にも人材育成に向けた効果的な施策を見出せず、人的資本投資に関する取組そのものについて従業員が冷めてしまっているというケースがある。社員に対してさまざまな調査を行っているものの、その結果をうまく生かせておらず、得られたデータが"取りっぱなしで宝の持ち腐れ状態"になってしまっているような状況である。このような状況に陥っている企業においてはどのような取組をしたとしても、取組そのものが形骸化する土壌が形成されてしまっているケースも珍しくない。

　また、人材育成に向けた施策を展開する際に、現場の管理職の共感を得られないというケースも多く見受けられる。いくら効果的な施策が立案できたとしても、現場の管理職の協力なしに成果を上げることは難しい。現場の管理職の面従腹背は、本テーマに限らず企業経営の一大テーマとなっている。この点を払拭するためには、施策立案に際して、施策が現場の管理職にとって共感でき、かつ実践可能なものにする必要がある。

　筆者らはこうしたさまざまなケースを想定しつつ、関係者の理解・共感を得て組織として行動に移す取組とするためのキーポイントは、「人的資本価値創造モデルを可視化すること」で

第4章　プロアクティブ人材育成の実践　**171**

図表4－1　人的資本価値創造モデルの定義とモデルのイメージ

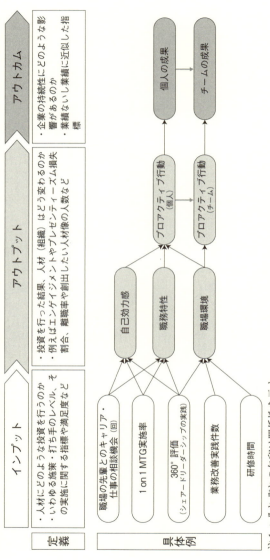

注1：それぞれの矢印は関係性を示す。
注2：矢印は数値で強弱を判断できるように示される（本図表では数値の記載を省略）。
注3：モデルはプロアクティブ行動を中核としたモデルの一部を例示している。
出所：株式会社日本総合研究所

172

あると考えている（図表4−1）。

　人的資本価値創造モデルは、いわゆる価値創造プロセスの考え方に着想を得たものである。表現する範囲を人的資本に限定することでその解像度を高め、さらに個々の取組や成果のつながりについて、その強度等を数値で示す形で深化させたものである。インプットには、人材への投資、つまり施策が位置付けられ、アウトプットには、投資・施策を行った結果として人材や組織がどう変わるのかという視点で掲げられる結果が位置付く。そして組織・人材の変革により企業の持続性の向上に資するアウトカムにつながるというプロセスをストーリーとして示すものである。例えば良質な1on1ミーティングを行うことで個人およびチームのプロアクティブ行動が向上し、その結果としてチームの生産性が向上する、といったストーリーである。このストーリーの一つひとつの要素を指標で表すとともに、統計解析を活用し指標間のつながりの強度や因果について数値化するといった営みが、人的資本価値創造モデルの概要である。

　人的資本価値創造モデルの可視化が、企業における実践を前に進めるためのキーポイントとなる理由は主に2つある。

　1点目の理由は、人的資本価値創造モデルが関係者の共感を生むナラティブ（物語）な表現と、理解・納得感を生む論理的な表現を両立する手法であるという点にある。静態的なスナップショットではなく、動態的なストーリーを起承転結がある形で語ることは関係者の間で情緒的な腑落ちを生む効果を期待で

きる。だが、それだけではそのストーリーがどの程度、また本当に効果があるものなのかを示すことはできないため、定量的なデータを用いることで、その物事の是非や優劣について語ることができるという利点があるのである。逆に、定量的なデータだけであれば、「人に関わることはそんな単純なものではない」「数字で語れることではない」といった本音を変えるまでの力を持ち得るものではないともいえる。つまり物語だけでも論理だけでも、人にまつわる新しい取組を推進する力は十分ではなく、両方の力を持ったコミュニケーションツールが求められるということである。

　2点目は、人的資本価値創造モデルを可視化することは、投資対効果を可視化する営みと同義であるという点である。自社における人的資本価値創造モデルを見出すことで、経営層にとっては、どのようなインプットがどのようなアウトカムにどの程度インパクトがあるのかを理解することができる。また、管理職はインプット間で指標間のつながりの強度や因果について比較することで、まず着手すべき施策の優先順位を確認することができる。

　ここまで多くの企業にとって新たな取組になるプロアクティブ人材の育成において、効果的なアプローチと考えられる人的資本価値創造モデルの有効性について解説してきた。ここからは、プロアクティブ人材の育成、プロアクティブなチームの実現を目的として、人的資本価値創造モデルを活用した組織変革の取組について実例を紹介していく。

プロアクティブ行動の活性化に向けた組織変革への取組は、大きく3ステップからなる。1ステップ目は、「プロアクティブ行動の活性化ターゲットの設定と人的資本価値創造モデルの基本設計」である。プロアクティブスコアの測定や企業の持つHRデータの棚卸を行い、プロアクティブ行動を活性化するターゲット（チーム・部門等の組織や年齢・役職等の属性など）を設定するとともに、プロアクティブ行動を中核とする自社としての人的資本価値創造モデルの基本骨子を設計するステップである。2ステップ目は、「プロアクティブ行動の活性化に向けた自社適合的な因子の洞察」である。1ステップ目で収集したデータを、人的資本価値創造モデルの枠組みに沿って、統計的に分析し、自社適合的な因果モデルを探索する。3ステップ目は、「プロアクティブ行動の活性化に向けた施策の具体化」である。2ステップ目で特定した、プロアクティブ行動に影響を及ぼす因子を活性化するために、プロアクティブ行動の活性化に役立つポイントを施策として深化させる。活性化のターゲットに関わる管理職（例えば1ステップ目で対象とした組織の管理職や、対象とした属性を多く抱える管理職など）と協働し、人事施策のアップデートやマネジメント行動の見直しなど必要な施策を具体化していくイメージとなる。

　一点留意いただきたい点は、図表4－1で紹介した人的資本価値創造モデルにおけるインプットに当たる施策に関する指標データは、多くの企業においてまだまだ不十分、もしくはそもそも存在しないケースが多いということである。現在の筆者ら

第4章　プロアクティブ人材育成の実践　175

図表4－2　具体的な取組の3ステップ

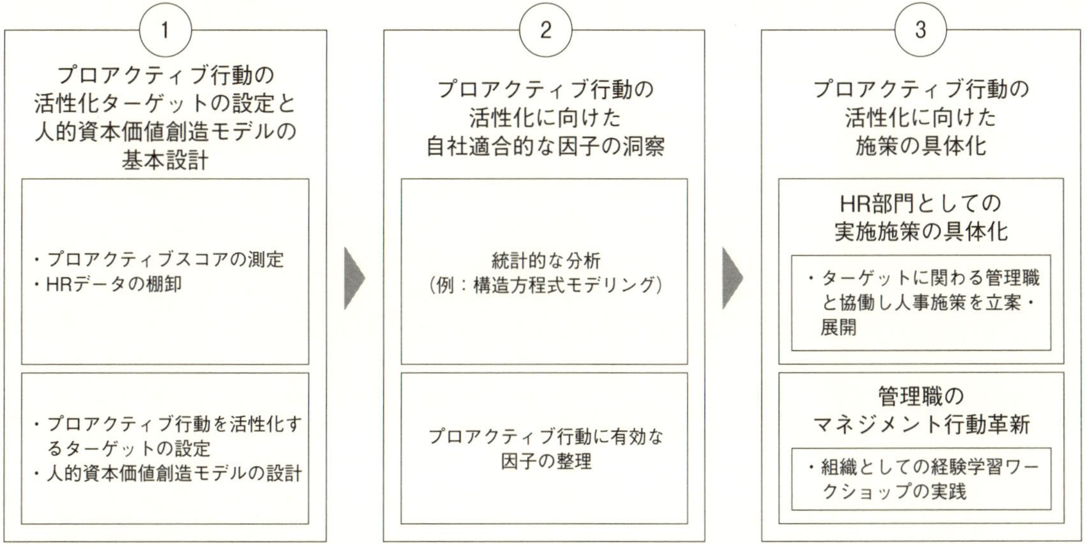

①
プロアクティブ行動の
活性化ターゲットの設定と
人的資本価値創造モデルの
基本設計

- プロアクティブスコアの測定
- HRデータの棚卸

- プロアクティブ行動を活性化す
るターゲットの設定
- 人的資本価値創造モデルの設計

②
プロアクティブ行動の
活性化に向けた
自社適合的な因子の洞察

統計的な分析
（例：構造方程式モデリング）

プロアクティブ行動に有効な
因子の整理

③
プロアクティブ行動の
活性化に向けた
施策の具体化

HR部門としての
実施施策の具体化

- ターゲットに関わる管理職
と協働し人事施策を立案・
展開

管理職の
マネジメント行動革新

- 組織としての経験学習ワー
クショップの実践

出所：株式会社日本総合研究所

の実例では、図表4−1でいうアウトプットとアウトカムを対象に人的資本価値創造モデルを可視化した上で、インプットに当たる有効な施策を探索的に発見していくというアプローチをとっている。また以降は特段の注記がない限り、経営・人事部門の視点で記載していくこととする。以上をふまえ、それぞれのステップについて詳細に解説していく（図表4−2）。

(2) ステップ1：プロアクティブ行動の活性化ターゲットの設定と人的資本価値創造モデルの基本設計

　ステップ1では、プロアクティブスコアの測定や各種HRデータの棚卸を行い、プロアクティブ行動を活性化すべき対象（組織・チームや属性など）を見出すとともに、自社適合的な人的資本価値創造モデルの基本設計を行う（2ステップ目で実施する統計分析に向けた準備を行うステップという位置付けでもある）。1ステップ目の成果物は、プロアクティブ行動の活性化をすべき対象と自社適合的な人的資本価値創造モデルの基本骨子、およびその基本骨子に沿って実施する統計分析に利用可能な形で整理されたデータ群である。

　まず各種HRデータの棚卸を行う。自社が保有するHRデータをさまざまな属性データと紐付けながらあらためて棚卸した上で、プロアクティブ行動に関する理論モデル（第3章第2節参照）に用いられているデータとの「Fit Gap」を実施する。Fit Gapとは、理論モデルで取り上げられている因子を、自社が保

有するHRデータから読み替えることができるかどうかを検討する作業を指す。

　Fit Gapで重要な点は2つある。1点目は、理論モデルのデータとHRデータの項目名だけで判断するのではなく、取得するために用いた設問項目や尺度の段階、データ背景などを理解した上でFit Gapを実施することである。例えば、それぞれのデータにある"ワークエンゲイジメント"の項目が、必ずしも一致しているとは限らない。どのような測定手法でワークエンゲイジメントを取得したのかを確認し、データとして読み替えることができるかを判断する必要がある。2点目は、理論モデルでは取り扱っていないHRデータの活用可能性を見出すことである。Fit Gapで理論モデルへの読み替えができないと判断された自社のHRデータを全て無視するのではなく、自社適合的な打ち手を検討する上で必要な因子になり得る可能性を残し、オリジナルな因子として設定すべきか否かを丁寧に検討しておくことが重要である。HRデータの棚卸と理論モデルとのFit Gapを行った上で、自社の分析に活用する因子が整理できれば、自社における人的資本価値創造モデルの基本骨子が策定できる。なお、プロアクティブスコアは、人的資本価値創造モデルの中核をなすものであるため、当然必要なデータとなるが、筆者らの経験上、第2章第3節で解説した計12問の質問項目を新たに全社員に回答してもらうことになると思われる。プロアクティブスコアそのものはまだ浸透していない指標・スコアリング手法であり、すでに取得されているHRデータで代替

可能なケースは極めて稀であったためである。

　こうして測定したプロアクティブスコアを組織や年齢、役職といった属性別に、平均値を算出、比較等を実施し、自社におけるプロアクティブ行動活性化のターゲットを選定していくことになる。ここで重要なことが、ターゲット選定の段階からターゲットに関係する管理職との対話を図ることである。例えばプロアクティブスコアが低い組織の管理職や、経営や人事部門から見てプロアクティブスコアを高めたいと思う年齢層が多く所属する組織の管理職などを選定し、議論に巻き込むイメージである。

　この際、ワークエンゲイジメントやウェルビーイングといったさまざまな指標とプロアクティブスコアの相関分析などを提示することで、プロアクティブスコアを高めることの有用性を訴求することから始め、その上で対象にすべきかについて議論することが望ましい。このようにプロアクティブスコアが高い（もしくは低い）人材の解像度を高めておくことは、今後プロアクティブ行動の活性化に向けた社内全体の理解・浸透を促進するために役立つことはいうまでもない。各種HRデータからさまざまな特性を把握し、全社員を説得するための武器を作り出していく営みでもあるということである。

第4章　プロアクティブ人材育成の実践　179

(3) ステップ２：プロアクティブ行動の活性化に向けた自社適合的な因子の洞察

　２ステップ目では、１ステップ目で収集・棚卸したデータを使って統計的な分析を実施し、プロアクティブ行動の活性化に有効な因子を探索する。分析手法として、ここでは構造方程式モデリングを用いた例で説明するが、まずはできることから行うことが重要であり、例えば相関係数を確認したり、重回帰分析を実施したりするだけでも十分意味がある。

　分析のステップとして、まず収集したプロアクティブスコアと各種HRデータを用いて、構造方程式モデリングを実施し、自社適合的な因果モデルを探索する。構造方程式モデリングとは、今回の取組における「プロアクティブ行動」や「ワークエンゲイジメント」「自己効力感」のような構成概念の関連性を検討する統計手法のことを指す。構造方程式モデリングを用いると、図表４－３のような因果モデルを探索することが可能である。

　図表４－３は第３章第２節でも取り上げたとおり、筆者らが実施した調査の約２万人のデータで構造方程式モデリングを行い、各因子の関連性を検討した「組織変革に向けた実践モデル」である。各矢印に記載されている数値は「標準化係数」と呼ばれ、矢印の元にある因子が矢印の先にある因子に影響を与える度合いを指す。数値の絶対値は１が最大であり、数値が大きいほどより大きな影響力を持っている。

180

図表4－3　組織変革に向けた実践モデル（図表3－10再掲）

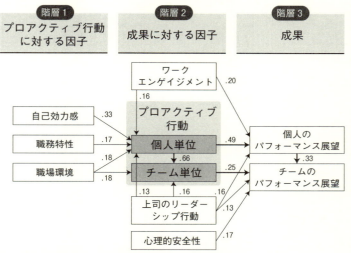

注：標準化係数は、小数点3位以下切り捨てで表記している。
出所：株式会社日本総合研究所

　ステップ2においては、実践モデルを基準としながら、因子の配置換えや企業の独自因子の検討などを実施し、対象の企業における適合的な因果モデルの探索をしていく。プロアクティブ行動に影響を与える因子を整理することは、打ち手の良し悪しに直結する重要な作業である。

　自社適合的な因果モデルを検討し終えた後は、属性ごとにプロアクティブ行動に対して有効な因子を整理する。効率よくプロアクティブ人材を育成していくためには、有効な育成手法を有効なターゲットに絞って実施することが望ましい。例えば、実践モデルにおいて上司のリーダーシップ行動は、プロアクテ

ィブ行動に影響を与えている因子として挙げられる。このとき、ある企業の実際のデータを当てはめた際に、仮に上司のリーダーシップ行動は20代ではプラスの効果が特に大きい一方、50代ではほとんど効果が見られないという結果が得られたとする。そうした場合、50代のプロアクティブ行動を高めるために上司のリーダーシップ行動に着目した施策を実施してもあまり効果は見込めないということになる。このような効率の悪い育成手法の展開を避けるために、実践モデルを起点とした上で、年代や職種、チームプロアクティブの状態に切り分けて、因果モデルを参照し、自社の現状に照らし合わせて有効な因子を検討・整理していくことが重要となる。

(4) ステップ3−1：プロアクティブ行動の活性化に向けた施策の具体化
──経営・人事部門としての実施施策

　本ステップではステップ2で見出した因子の改善に向けた施策を、ターゲットに関わる管理職との対話を通じ具体化していく。施策は第3章第1節で紹介した「プロアクティブ行動の活性化に向けたマネジメントの仕組み」を念頭に置けば、経営・人事部門、そして管理職の双方から導出することが望ましい。したがって、ステップ3では経営・人事部門が展開する比較的範囲の広い人事施策、そして管理職が行うマネジメント行動、という2つの観点から施策を具体化していく必要がある。

　まず、経営・人事部門としての実施施策について整理する。

最初に実施することは、2ステップ目で判明した因子にアプローチするための施策を具体化するために行う社員へのヒアリングである。「結局統計的ではなく、定性的なアプローチをしているではないか」と指摘されそうであるが、ヒアリングの実施は効果的な人材育成手法探索には必要な取組である。例えば、構造方程式モデリングからプロアクティブ人材を育成するためには「自己効力感」の因子を向上させることが重要であると判明したとする。自己効力感を向上させる手法は、1 on 1ミーティングの実施、360°評価、キャリア相談の実施などさまざま考えられる。これら全ての取組を育成手法として取り入れることは、管理職の理解が得られず、効率が悪く、効果の出ない育成手法を展開することになりかねない。しかし、ターゲットに関わる管理職にヒアリングを実施することで、「1 on 1は行っているが自分のチームでは効果が薄い」「部下からどう思われているか分からず、積極的に行動できない」などの意見を収集し、自社の組織風土に合った施策を検討できるようになる。つまり、統計的な分析で打ち手に必要な自社適合的な因子を絞り込み、ヒアリングを実施することで組織風土の観点から自社適合的な打ち手を検討するという両面のアプローチをすることが可能となるのである。

　人的資本価値創造モデルで本来実現したい「施策というインプットが人材像というアウトプットを通じ、業績等の成果というアウトカムにどう影響を与えるか、を統計的に表現する」というゴールまで行きつくことができれば、施策の探索を目的と

したヒアリングはより絞り込んだ形で実施することができる。1on1や360°評価といった施策の重要性を統計分析から見出し、こうしたデータに基づき管理職とともにそのデータの意味について対話するということが可能となる。繰り返しになるが、現段階ではこうしたインプットレベルの指標がとられているケースが少ないため、どうしても施策レベルについては探索的なヒアリングを行う必要がある点について付記しておきたい。

　ヒアリングの次に、これまでの取組で得た内容をふまえて、プロアクティブ行動を活性化させるための人事施策の整理を行っていく。自社適合的な因子モデルやヒアリング結果、属性・フレームごとの有効因子をふまえて、属性・フレーム別に社員の分類を行い、それぞれに効果的なアプローチを整理していくことが重要である。また、全ての施策を管理職に任せるのではなく、経営・人事部門で実施する施策も検討することが重要である。

　人事施策を整理し終えたら、最後に全社員に今回の取組について説明を行う。データの活用方法や自社適合的な因果モデル、今回打ち出す人材育成手法の内容などを説明し、全社的な方針を示すことがプロアクティブ人材の育成に重要である。「会社としてプロアクティブな人材を求めているから、私も色々行動を起こしてみよう」と考えてもらえれば、全社レベルでの理解・浸透が促進されることとなるからである。

　以上が経営・人事部門として実施する具体的な取組の内容で

ある。

(5)　ステップ３－２：プロアクティブ行動の活性化に向けた施策の具体化
——管理職のマネジメント行動革新に向けた取組

　上記(4)で示したとおり、経営・人事部門はプロアクティブ行動を活性化するための人事施策を展開し、一連の取組を一巡させることになる。さて、前述したとおり、プロアクティブ行動の活性化にあたっては経営・人事部門と管理職の両輪が必要不可欠である。本項では経営・人事部門がどのように管理職のマネジメント力向上に働きかけ得るか、についてふれていく。特にプロアクティブ行動のマネジメントというテーマにおいては、第３章第３節でふれたとおり、管理職にプロアクティブ行動の活性化を完全に委ねてしまっていては、うまく運ばない可能性がある。したがって、管理職が具体的なマネジメント行動として理解・実践に至るまでの伴走が必要不可欠であるといえるだろう。

　一方、管理職のマネジメント行動は自分なりの法則性や成功体験に基づくマイセオリーも重要であるということも忘れてはならない。マネジメント行動は自らの納得感が非常に重要であり、少なくともお仕着せ、形だけのマネジメント行動では意味をなさないということである。理論的に実践すべきことと、自分なりの納得感を融合させながら、実際のマネジメント行動として昇華させていくためにはさまざまな試行錯誤が必要であ

第４章　プロアクティブ人材育成の実践　**185**

り、一定期間、高頻度での経験学習サイクル[1]を回すことが望ましいといえる。経験学習サイクルとは新しい概念ではなく1980年代後半に注目を浴びた手法である。自らの経験から独自の知見を紡ぐため、実践し、成功体験・失敗体験のエピソードを蓄積し、省察する中で意味のあるエピソードを厳選する。そして概念化を通じてマイセオリーに昇華させ、再び実践する、というモデルである。この経験学習サイクルをふまえつつ、具体的な経営・人事部門による働きかけ方の例として、管理職とともにプロアクティブ行動のマネジメントのあり方について考えていくワークショップについて解説する（図表4－4）。

　ワークショップを有用なものとするためのポイントは大きく次の3点である。

　1点目は研修ではなく、「自社において適切なマネジメント行動とはどのようなものか」を参加者全員で探索するワークショップである、という趣旨を最初に十分理解してもらうことである。管理職がとるべきマネジメント行動は部下の状況・資質やチームの状況、そして組織風土に応じて千差万別である。標準的な解があるわけではなく、自社・自組織にフィットするマネジメント行動について試行錯誤しつつ発見するといった努力を要するテーマであることを理解しなければ、月次から四半期ごとに繰り返されるワークショップへの参画意欲を維持し続けることが難しくなる。

1　Kolb, D. A.（1984）. Experiential learning: Experience as the source of learning and development. *Prentice-Hall,Englewood Cliffs*.

図表4-4 組織としての経験学習ワークショップ例

■実施概要
- 管理職を対象として、隔月から四半期の頻度（1回2～3時間程度）でワークショップを開催する。
- 実施の目的は、大きく以下の2点である。
  1. 具体的な「部下やチームへの働きかけ方・アクション（＝マネジメント行動）」を見出す
  2. 実践したアクションの良し悪しを共有し、組織としてセオリーを見出す
- ワークショップは、以下を繰り返し実施する（サイクル化する）ことで、よりよいマネジメント行動や組織としてのセオリーとして洗練させていく

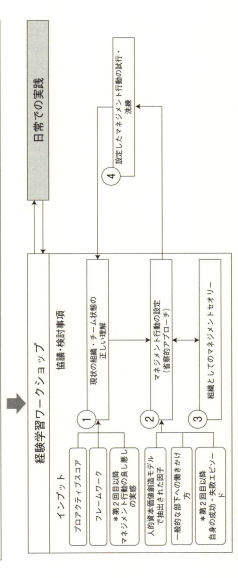

出所：株式会社日本総合研究所

2点目は、図表4－4における「現状の組織・チーム状態の正しい理解」に取り組む際のポイントとなる。この取組においては隔月〜四半期程度の頻度でチームプロアクティブ状態の変動と自身のマネジメント行動を紐付けて考えることで、客観的な成功・失敗を判断することが重要である。チームプロアクティブ状態を捉えるフレームワークとしては図表4－5が有用である。図表4－5は、個人のプロアクティブスコアに基づきチームプロアクティブスコアの平均および分散を算出し、チームプロアクティブの状態を組織別に可視化したフレームワークである（第2章第3節で紹介したフレームワークをワークショップ用にアレンジしたもの）。自身の働きかけの結果、「不活性」の状態を脱し「兆し」の状態に移行したのか、それとも「不活性」の状態のままで変わらないのか、といった変動を起点にそ

図表4－5　チームプロアクティブスコアのフレーム可視化例

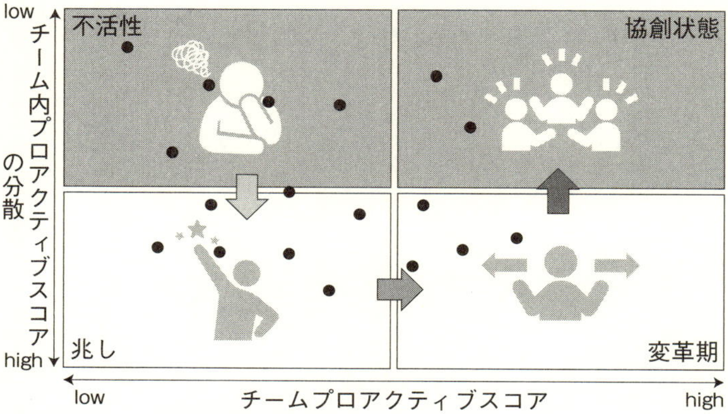

出所：株式会社日本総合研究所

の要因を総合的に検討し、その中での自身のマネジメント行動の是非を振り返るというプロセスとなる。自身は「不活性」なメンバーに働きかけたつもりであるが、職場環境を害するような外部要因（例えばモチベーションを低下させるような経営層の言動）があったため自身のマネジメント行動が阻害されたのか、それともそのような外部要因もふまえつつ鼓舞する形でマネジメント行動が行えなかったのかを自問自答するということである。一つひとつのシーンは非常に個別性があるように感じるかもしれないが、一方である程度同じことが起こりそうであることをお分かりいただけると思う。ここに経験学習のサイクルを回す意義があるのである。

　3点目は図表4－4における「マネジメント行動の設定」と「組織としてのマネジメントセオリー」の相乗効果を意識することである。補足すると、「マネジメント行動の設定」と「組織としてのマネジメントセオリー」の関係は、ワークショップ参加者である管理職が実際に行うマネジメント行動を抽象化する形で組織としてのマネジメントセオリーが取りまとめられ、またこのマネジメントセオリーが1つの拠り所となり、具体的なマネジメント行動の見直しの際の方向づけの一助となるという関係である。個別性が高いマネジメント行動をもぐらたたき的に実践するばかりではいつまで経っても最適なマネジメント行動は見つからない。だからこそ、マネジメントセオリー、例えば「部下のプロアクティブ行動を活性化するには“対面で接することが大事だ”」といった法則性を見出すことが必要であ

第4章　プロアクティブ人材育成の実践　**189**

る。しかしこうした法則性は、プロアクティブ行動という新しい分野では未だ見出されておらず、各企業が探索的に取り組む必要がある段階である。そのため時間はかかり、また相応に真剣に向き合う必要があるものの、今後の非連続時代のケイパビリティともなり得るテーマでもあることから、セオリーとしての組織知と自身のマネジメント行動の両立を実現していくアプローチは先鞭をつけて取り組む価値があると考えている。

　ここまでご紹介してきた取組の要点は、プロアクティブ行動をマネジメントの遡上に上げ、そしてどのように活性化するかについて、建設的な対話を支える基盤を整備することにある。具体的には、人的資本価値創造モデルに基づき、経営・人事部門と管理職が双方納得の上施策を推進していくことで、従来に比べ施策が成果につながっていくことが期待できる。成果を実感できれば、プロアクティブの行動の重要性が社内で浸透し、さらに取組を加速させることができる、という好循環が生まれてくる。

　本章でご紹介した取組のステップを例に、読者の方々の組織でも、プロアクティブ行動を中核とする人的資本価値創造モデルを磨き上げ、組織の持続的な成長につなげていっていただきたい。

おわりに

　本書は「ビジネスにおける自律的な行動をどう活性化するか」をテーマとし、筆者らの経験則に留まることのないよう、学術的な先行研究や大規模データの分析結果をふまえ構成してきた。したがって概念的な記述や理論的な示唆も多く、理解しづらい部分もあったかもしれない。最後に各章の要旨をかみ砕いた形で振り返りつつ本書の概要についてあらためて述べていきたい。

　まず第1章では、企業と働き手の間に新しい関係を見出すことの必要性について述べた。働き手が企業に人生を委ねる関係に終止符が打たれていることは確かである。一方で日本人の労働観や労働法制・運用をふまえれば、単に欧米型の労使関係を持ち込めばよいという単純なものでもない。企業と働き手の間の新しい関係に答えが見えない中、今求められるのは労使の対話であり、企業は働き手の建設的な本音を引き出すことに最大限の努力をすべき局面にあるであろう。ここに従業員のプロアクティブ行動を喚起することの必要性が見出されるのである。

　第2章では、アカデミアの先行研究を基盤とし、ビジネスの領域に適合させる形で筆者らが開発してきたプロアクティブ行動の定義・測定尺度について解説してきた。プロアクティブ行動とは、「非連続な変化の際にいる従業員一人ひとりが、組織の成長を牽引する行動様式」といえる。自らの職務やミッショ

おわりに　191

ンそのものを、将来の環境を展望しつつ変えていこうとする「革新行動」が起点となり、アイデアの品質や影響力を高めるために「外部ネットワーク構築行動」「組織内ネットワーク構築行動」「キャリア開発行動」を行うといったような流れを想像するとイメージしやすいのではないだろうか。

　一方、こうした個々人のプロアクティブ行動を組織としての成果（業績等）に結びつけるためには、チームがプロアクティブな状態であるかどうかという点も重要である。一人ひとりがプロアクティブかどうかだけに注目していては不完全であり、個人のプロアクティブ行動を支え、また相互に響き合い共創するような場作りができているかという点にも着目する必要があるのである。

　また、第2章ではプロアクティブ行動の定義・尺度をふまえた大規模調査の結果についても解説した。日本全体としてプロアクティブ行動はまだ十分に活性化しているとはいいづらく、今後取り組む必要性が高いこと、また環境要因に応じて下がる傾向も見られるというネガティブな側面と、プロアクティブ人材は必ずしも転職するわけではないというポジティブな側面を総合すれば、企業にとって投資価値のあるテーマであることについて述べた。

　第3章では、どうすればプロアクティブ行動を喚起できるのかについて、組織全体のあるべきマネジメントシステムを提言した。具体的には、従業員、経営・人事部門、そして管理職が三位一体となり、プロアクティブスコアという尺度を共通の物

差しとしつつ、近年充実しつつあるHRデータも活用し統計分析を用いた分析結果に基づき、建設的な対話を図る、という要点を述べた。よいマネジメントシステムの要件として「曖昧さを減らすこと」「考えるべき変数を減らすこと」「具体的な施策を導くものであること」という3点が挙げられる。人をマネジメントするということは非常に複雑なことであることはいうまでもない。いかなる先行研究も経営・人事部門や管理職にとって、問題解決に向けたヒントやアドバイス、コツという位置付けを超えない。だからこそ、愚直に定点観察する、差分を見る、要因を見極めるというところまでは統計分析の支援を仰ぐ、というのがこのマネジメントシステムの特徴であるといえるだろう。

　この仕組みを運用する1つのヒントとして、経営・人事部門や管理職が従業員に対しどのように働きかけることが有効かについて、大規模調査に基づく分析結果をもとに解説した。個人に働きかけるポイントとして自己効力感、職務特性、集団凝集性、職場環境やワークエンゲイジメント、チームに働きかけるポイントとして職場環境や上司のリーダーシップ行動などを挙げ、いずれもマネジメントによって働きかけることができる項目であることが明らかになった点は大きい収穫であるといえるだろう。

　第3章の最後には、マネジメントシステムの主役でもある管理職が、部下そしてチームのプロアクティブ行動のマネジメントについてどのような姿勢で臨むことが有効かについて、大規

模調査に基づく分析結果から考察した。管理職が「自ら働きかけることで部下・チームのプロアクティブ行動が変わるというマインドセットを持つこと」「また打ち手について自らやりやすい施策に落ち着いていないかを常に内省する必要があること」について述べた。探索的な姿勢を常に管理職自らの努力だけで維持し続けることは難しく、経営・人事部門の関与も必要である点には留意したいところである。

第4章では、こうしたマネジメントシステムの実践例を交えて具体的な取組のステップを解説した。マネジメントシステムという仕組みを作ってから運用するというオーソドックスな進め方ではなく、実際にマネジメントシステムを回しながら並行してマネジメントシステムを実装していくというリーンなアプローチを紹介している。取組のステップとしては、まず従業員のプロアクティブスコアを取得し、プロアクティブスコアの高低に応じ、高プロアクティブ群と要活性化群の間にどのような違いがあるのかを属性比較等を通じ、取組のターゲットを定める。次にその会社としての因果モデル（実証モデル）を明らかにし、働きかけるべきポイントを明確にする。その上で、ターゲットに関わる管理職に対し、働きかけるべきポイントをどう現場のマネジメントに適用していくかを対話していくというステップになる。

＊

本書ではプロアクティブ行動を喚起するマネジメントシステムについて解説してきたが、いわゆるOODAループになぞら

えれば、①Observe：観察（プロアクティブスコアとさまざまな
HRデータを組み合わせ、プロアクティブスコアの活性化に向けて、
どのような問題がありそうなのかを考える）、②Orient：状況判断
（問題に対する対応の方向性を考える）、③Decide：意思決定（誰
がどう介入するかを決定・合意する）、④Act：実行（介入し、適
宜調整する）と整理できる。本書ではこのうち①Observe：観
察→②Orient：状況判断、までの記載を中心としている。③
Decide：意思決定および④Act：実行といったいわゆる「介入
行動」に関する方法論について具体的に論じるには、まだこの
取組は端緒についたばかりであり、いずれまた書籍執筆という
形で読者の皆様とお会いする際に譲りたい。

　一方で、こうしたマネジメントシステムの構築や運用を支援
する中で留意すべき事項が見えつつあることも、確かである。
あくまで経験則的なものであり、また網羅性についても今後の
検討課題という段階ではあるものの、運用上のTipsとしてご
参考いただきたいと思う。

　1点目は特に経営・人事部門や管理職に留意いただきたい点
となる。それは「あくまで対話を重視するというスタンスを堅
持する」ということである。これはプロアクティブ行動という
テーマに限らずワークエンゲイジメントやウェルビーイングと
いったテーマでも同様である。人事分野のテーマは従来、組合
を通じ労使の合意形成がなされることが多く、経営・人事部門
と従業員の直接的なコミュニケーションのあり方はまだまだ探
索中であるといえるだろう。もちろん全ての従業員と対話する

おわりに　195

ことは非現実的であるため、ある程度、施策については思い切りよく展開するということが必要であることは間違いない。ただし本書で再三述べた企業と働き手の新しい関係を前に進めようとするならば、多くの従業員との対話をどう図っていくかについては根本から見直すべき時期に来ているといえる。

　また管理職についても、「組織目標の達成に向けた指導」や「育成」といった形で「与える」というスタンスから脱しきれないことも珍しくないのではないだろうか。指導や育成というスタンスが全て不適切であるということではない。伝統的なリーダーシップ理論であるSituational Leadership 理論（状況対応型リーダーシップ理論）などを念頭に置けば、部下が仕事に未成熟な状態ではむしろ必要な姿勢であるといえる。しかしながら多忙な管理職は、時間がないため、部下との対話において部下の状況を考慮せず、伝えたいことだけ伝えるという行動を無意識にとっていることが往々にしてある。こうなってしまうとプロアクティブ行動の活性化のみならず、部門としての活動に支障をきたしてしまいかねない。

　管理職として部下と「対話」するためには、まずマネジメントに専念できる環境作りが必要であろう。これは管理職のみで解決できることではなく、経営・人事部門が一体となり向き合うべき深刻な問題である。

　２点目として、「プロアクティブスコアは本人と管理職が協働しすり合わせる指標であり、継続的な取組が必須である」という点である。プロアクティブスコアそのものは所属する部門

に応じて解釈が異なるし、求められる行動やその程度、頻度も異なる。例えば新規事業創出のために行う革新行動と、事務部門において自己の手順の改善を検討する革新行動では、その頻度や程度が異なることはお分かりいただけると思う。何をもって平均水準とするか、についてはマネジメントシステムを繰り返し回しつつ、管理職と部下の間でコミュニケーションをとりながらすり合わせていくということが全体として適切な意思決定を行う上で非常に重要となる。

　３点目として、プロアクティブスコアが「低いから悪いという前提にすぐ立つのではなく、低いことはこの部門・属性において改善すべきことなのかという点を、しっかり経営・人事部門と管理職で対話する」ということである。第３章で取り上げたとおり、管理職がプロアクティブ行動そのものについて十分に理解し働きかけようと考えない限り、さまざまな施策は現場に落ちず有効に機能しない。そのためよくある、「うちの部門は定型的にルールを遵守すべき部門なのでプロアクティブ行動は低くてよい」といった一側面だけを切り取った誤解があるままマネジメントシステムを回すということを避けなければならない。なお、そういった意見が正しい主張である可能性も捨てきれない（例えば鉄道の運行や医薬品の製造工程に完全に専念している人材は、まさしく規定を遵守し革新行動をとるべきではないという主張もある）ことを考慮し建設的な対話をするという姿勢を崩してはならないということである。

　以上の３点を、プロアクティブ行動の活性化に向けたマネジ

おわりに　197

メントシステムの構築・運用上のポイントとして共有しておきたい。

*

　本書は主に企業、とりわけ経営・人事部門、管理職といったマネジメントする側の視点で働き手のプロアクティブ行動をどう活性化するかについて解説してきた。角度を変えれば働き手にとっても有用な示唆を得ていただける内容としたつもりではあるものの、直接的な記載とはなっていない部分もあるだろう。そこで最後にあとがきに代えて、働き手にとってのプロアクティブ行動の意義についてふれておきたい。

　筆者らは「自律」と対極にある振る舞いは「流される」ことである、と考えている。オーストリアの思想家イヴァン・イリイチが1973年に刊行した著書『コンヴィヴィアリティのための道具』[1]で提唱したコンヴィヴィアリティ（自立共生的な関係）という概念がある。これはテクノロジーに過度に依存し過ぎず、また振り回されることなく、人々の幸福追求を中心に据え、テクノロジーをその手段として位置付けるという概念である。

　イヴァン・イリイチがとりわけ問題視したのは人を自由にするはずのテクノロジーや制度が、いつしか人を隷従させる存在になっているという事態であったが、実は日本において「働く」ということにおいても、周りの環境に自身の意思決定を隷

1　イヴァン・イリイチ著、『コンヴィヴィアリテイのための道具』、渡辺京二、渡辺梨佐訳（ちくま学芸文庫2015年）

属させるということが当たり前になってはいないだろうか。も
っといえば不満を飲み込んで苦行のように働くことが当たり前
である、働くことは罰であるというような無意識の思い込みの
もと労働してはいないだろうか。こうした観念がもたらす職場
は、管理職が「やめさせるな、といわれるので、若手を優遇し
なければならない。我々の時代はこんなに優遇されなかったの
に」といった本音を隠し、若手は「上司は全くチャレンジさせ
てくれない。自分はこんなにも素晴らしいアイデアをもってお
り、やらせてくれれば必ずうまくいくのに」といった本音を押
し殺し、お互いに表面では笑い合っているという奇妙な職場で
ある。これが、行き過ぎた建前社会につながる。この考察はな
んらかの根拠や分析があって述べていることではないが、チー
ムの成員がお互いの心情に適切に配慮しつつ適切な表現を用い
るという前提の中で、自らにとって、そしてチームにとって意
味のある本質的なコミュニケーションができたほうがよい、と
いうことを否定する人はいないのではないだろうか。

　自律的に行動するということは、自らの意志を表明し相手に
伝える努力をすることでもある。対話なくして自分の想いや真
意は伝わらない。最初からうまくいくものではなく相手にとっ
て受け入れられるものではないこともあり得るため、コミュニ
ケーション力をはじめとしてさまざまな能力を磨いていく必要
はある。しかし、自ら勇気を持ち少し行動を変え、またそれを
継続することで、信頼・尊敬・愛情といった強い結びつきが
チームの中に生まれる。そして、そのような状況の中で、自ら

おわりに　**199**

働き方や暮らし方・生き方を発信し磨き上げていくことで、最終的に自身の幸福度向上につながっていくものと確信している。

＊

　本書の出版にあたっては、一般社団法人金融財政事情研究会の皆様や関係者の皆様に多大なご尽力を賜った。また、執筆にあたりご指導、ご鞭撻を賜った諸先生方、調査研究にご協力くださった皆様、そしてさまざまな方面において関わってくださった全ての方に、心から感謝申し上げたい。

　本書が読者各位の一助となり、一人ひとりのプロアクティブな行動がチーム、組織、そして社会へと広がり、日本社会の閉塞感を打破することを祈念し筆をおくこととする。

KINZAIバリュー叢書

プロアクティブ人材
──アカデミアとビジネスが共創した
　　VUCA時代を勝ち抜くための人材戦略

2025年3月31日　第1刷発行

監修者　下　野　雄　介
　　　　宮　下　太　陽
著　者　株式会社 日本総合研究所
　　　　リサーチ・コンサルティング部門
発行者　加　藤　一　浩

〒160-8519　東京都新宿区南元町19
発　行　所　一般社団法人 金融財政事情研究会
出 版 部　TEL 03(3355)2251　FAX 03(3357)7416
販売受付　TEL 03(3358)2891　FAX 03(3358)0037
URL https://www.kinzai.jp/

校正：株式会社友人社／印刷：三松堂株式会社

・本書の内容の一部あるいは全部を無断で複写・複製・転訳載すること、および
　磁気または光記録媒体、コンピュータネットワーク上等へ入力することは、法
　律で認められた場合を除き、著作者および出版社の権利の侵害となります。
・落丁・乱丁本はお取替えいたします。定価はカバーに表示してあります。
ISBN978-4-322-14510-6